KB200806

참 좋은 내 인생

참 좋은 내 인생

김길

규장

나를 향한 깊고 놀라운
은혜로 사는 삶

세밀한 훈련의 기록

제목을 정해놓지 않고 써나갔다.

원고를 쓰고 편집팀에 보낼 때까지의 제목은

'contents 1, contents 2…' 이런 식이었다.

왜 이렇게 했는지는 명확하지 않다.

아마도 우리의 삶과 믿음에 대한

구체적인 내용들을 담고 싶었기 때문일 것이다.

죄를 이기고 거룩하게 살아가는 삶이 어떻게 가능한지,

그동안의 훈련의 내용을 정리하고 싶었다.

조금이라도 실천적이고 구체적인 내용들로

설명하고 싶었다.
여전히 프로야구계의 전설적 존재인 김성근 감독은
그저 그런 선수들을 일급 선수로 만들어 내는 데 일가견이 있다.
그의 자서전을 읽으면 그가 선수들을
얼마나 세밀하게 훈련시키는지를 알 수 있다.
본래 잘하는 선수들은 특별히 가르칠 게 없을지도 모른다.
그러나 더 잘해야 하는 선수들은 그들의 경기 모습을 관찰하고
세밀하게 도와야 한 단계 더 성장할 수 있다.
그래서 선수들이 자신의 성장을 위해
김 감독을 찾아간다고 한다.

교회를 개척하면서 팀 사역을 하고 싶었다.
그전의 선교 단체에서는 팀으로 사역했다.
그러나 팀으로 사역할 수 있는 사람들이 다 떠났다.
남은 사람들은 아직 사역자가 아니었다.
오랜 시간이 걸렸다.
한 사람이 사역자로서 자신의 삶을 책임지고,
다른 사람을 돕는 사람이 되기까지 많은 돌봄이 필요했다.
돌봄이 필요한 사람은 돌보아야 한다.
다들 처한 삶의 상황이 쉽지 않았다.

사역을 할 수 있는 상황이 아니었다.
그래서 먼저 삶의 내용들 속에 함께 들어가
삶이 정비되도록 도왔다.
그렇게 많은 시간이 흘렀다.
무너진 삶이 회복되도록 돕는 시간들….
다른 사람을 도울 수 있는 삶이 되도록
도운 내용들이 5권의 책이 되었다.
이번 책의 내용도 그런 훈련 원칙들의 연장선에 있다.
세밀한 내용들을 담다 보니 글이 짤막짤막하다.
그래도 다 연결되는 내용들이다.
부디 독자들의 믿음과 삶의 성장에 도움이 되기를….

글은 은혜를 주시면 쓰고,
그렇지 않으면 몇 날이고 기다리기를 반복하면서 썼다.
이전 책들은 편집팀에서 글의 방향도 권고하고
중간에 원고도 점검하면서 썼다.
그러나 이번에는 거의 완성되기까지 연락을 하지 않고 지냈다.
그런데도 편집팀은 잘 참아주었고, 한결같이 대해주었다.
그렇게 일 년을 넘게 지냈다.
사실 내가 일방적으로 편집팀의 연락을 모른 척했다.

나를 십 년 가까이 강사로 불러주신 분과도
밥을 한 번도 먹지 않을 정도로
내게는 세상살이에 부족한 측면이 있다.
규장에서 또 연락이 왔다.
갓피플에 올라와 있는 설교 영상의 댓글에 나를 찾는 글이
자주 올라오니 다시 와서 강의를 해주면 안 되겠느냐는
정중한 부탁이었다.
심지어 규장 대표님은 자신이 무언가를 잘못해서
안 오는 것이냐며 진지하게 물어오기도 했다.
때로 내 자유로운 행동이 다른 이들에게는 부담이 되는 듯하다.
9월부터 다시 가겠다고 하고, 그전에 원고를 마무리하기 위해
글쓰기에 집중하며 한여름을 보냈다.

은혜로 사는 좋은 인생

여름의 끝자락에 원고를 거의 완성하여 편집팀에 보냈다.
바로 연락이 왔다.
'목사님, 이전 책들도 그랬지만
원고의 밀도가 더 높아서 읽기가 좀 힘들었습니다.
날카로운 칼끝에 베인 듯 신음하며 보았습니다.
감사드려요. 마지막 장도 기대됩니다.'

나는 내 글이 '날카롭다'는 말을 잘 이해하지 못한다.
내 글이 누군가에게 칼을 들이대는 것처럼 느껴질 수 있다니….
편집팀은 내가 느끼지 못하는 부분을
독자의 입장에서 보고 기도하며 도와준다.
나는 언제나처럼 잘 순종할 것이다.
책을 읽다 보면 마음 여기저기가 베어 있다고 했던
한 독자의 도서평도 생각이 났다.
책을 만드는 사람들의 말을
왜 귀담아 들어야 하는지를 점점 알아간다.
한편으로는 다행스럽게 여겨진다.
내가 아주 허접한 글을 쓰고 있지는 않다는 생각이 들었다.

원고를 다 완성해서 보냈을 때
편집팀에서 제목에 대한 제안을 해왔다.
'참 좋은 내 인생'이 어떻겠느냐고….
그러면서 장 제목도 '용서받는 삶'에서
'용서받는 인생'으로 바뀌어서 왔다. 참 좋았다.
늘 그렇지만 나는 약간 도발적이다.
마음에 안 드는 상황에 대해 따지듯이 말하는 버릇이 있다.
그러다 오히려 내가 다치는 게 지난 내 삶이었다.

편집팀이 제안한 제목 덕분에
날카로운 글들이 부드럽게 느껴진다.
'그래, 그러고 보니 하나님께서 내 삶에
어떤 은혜를 주셨는지에 대한 기록이기도 하구나.'
남들이 내 글을 읽고 이런 느낌을 갖는다면 정말 좋겠다.
"당신은 은혜를 많이 받았군요. 참 좋은 인생이시네요."
그리고 그들도 그렇게 되면 좋겠다.
지금도 자신의 죄와 싸우며
복음을 경험하고 증거하는 삶을 사는
모든 예수님의 종 된 동역자들에게 이 글을 올린다.
그리고 축복을 함께 나누고 싶다.

"참 좋은 인생이시네요!"

여름 내내 같이 기도하며 부족한 내 글에
늘 정확한 평가와 격려를 해준 아내에게 감사를 전한다.
믿음이 무엇인지 한창 배우고 있는 딸 희락이와
고등학교 검정고시를 통과한 아들 성식이에게도 고맙다.
그런데 아들아, 이제 농구 한 게임만 같이 하자. 응?

김길

차례

참 좋은 내 인생

용서받는 인생

chapter 1

값없는 용서를 받는 삶

은혜는 예수님이 대신 피 흘리심으로 내게 값없이 베풀어주신 용서이다. 은혜를 주신 그분이 항상 나와 함께 계시다는 것을 잊지 말아야 한다. 은혜는 아무것도 없는 곳에서 뚝 떨어진 게 아니다. 나를 위해 피 흘리시고 생명을 바치신 예수님의 선물이다. 선물이 커 보이지만 그것을 주신 분을 기억해야 그 은혜를 계속 누릴 수 있다.

은혜의 삶

은혜 은혜는 예수님께서 내 죄를 용서해주실 때에 받는 것이다. 내 죄에 대한 값없는 용서가 은혜이다. 죄는 내가 지었는데 예수님께서 나 대신 십자가에서 피를 흘리심으로써 죄에 대해 아무 대가도 치르지 않은 나를 용서해주신다. 내 죄를 용서받기 위해 내가 한 것은 없다. 그래서 은혜이다. 내가 무언가를 했다면 은혜가 아니라 한 일에 대한 대가를 받은 것이다. 그러나 아무것도 하지 않고 오직 은혜로 사함을 받았다.

신앙생활을 하면서 은혜가 풍성한 때를 경험한다. "예수님…" 하고 부르기만 해도 눈물이 나고, 날 용서해주신 그분이 아주 가까이에 계신 것처럼 느껴진다. 죄에 대한 용서는 즉각적이고, 그분의 자비는 풍성하다. 은혜가 풍성하고 용서가 가깝게 느껴지는 때는 한 마디로 '많은 죄를 용서받은 때'이다. 그러나 생명을 바칠 것처럼 은혜를 누리다가 점점 은혜가 메마른다. 그런 과정을 우리는 자연스럽게 받아들인다. 큰 결단을 하고 그 은혜를 절대 잊지 않겠다고 다짐하지만 시간이 흐르면서 기억은 점점 희미해지고 결심이 약해지는 자연스러운 현상쯤으로 여긴다.

은혜를 회복하기 위한 시도 누군가 은혜가 메마른 나를 회복시켜주거나 어떤 집회에 가면 도움을 받을 거라고 생각한다. 단순히 은혜만 메마른 게 아니라 은혜 없는 삶의 전반에 문제가 생긴다. 다시 죄에 대해 무감각해지고 죄를 즐기며 신앙은 살아 있지 않고 습관처럼 되어 간다. 그러면 은혜가 메마른 것은 느껴지지 않고 황폐한 삶의 고통만 느껴진다. 그때 은혜를 바로 회복하지 않고 무언가를 의지하려는 것은 매우 위험하다.

외적外敵의 침입으로 하나님과 더 멀어졌던 이스라엘 백성들의 실수를 반복해서는 안 된다. 은혜가 메말라서 삶이 메마른 것이지 삶이 안 좋아져서 은혜가 없는 게 아니다.

은혜는 종교생활 중의 하나의 체험이 아니다. 그렇게 여기는 것은 비인격적이고, 자신의 체험을 관점의 중심으로 두는 것이다. 다시 말하지만 은혜는 예수님이 대신 피를 흘리심으로 내게 값없이 베풀어주신 용서이다. 은혜를 주신 그분이 항상 나와 함께 계시다는 것을 잊지 말아야 한다.

은혜는 아무것도 없는 곳에서 뚝 떨어진 게 아니다. 나를 위해 피 흘리시고 생명을 바치신 예수님의 선물이다. 선물이 커 보이지만 그것을 주신 분을 기억해야 그 은혜를 계속 누릴 수 있다.

깊어지는 은혜 보통 '첫사랑의 때'라고 말하는 은혜의 때에는 내 죄에 대한 예수님의 용서하심과 그분의 크신 사랑을 경험한다. 그때는 아무래도 내 죄에 대한 용서하심, 즉 심판이 사라졌다는 안도감이 크다. 누구나 남들이 모르는 죄에 대한 고통으로 시달리고 있다. 아무리 부인해도 삶을 고통스럽게 좀먹던 자신의 실수에 눌린다. 스스로를 용서할 수 없는 고통에 시달린다. 그런데 예수님이 오셔서 값없는 은혜로 용서해주심으로 자신을 정죄하고 가치 없게 여겼던 삶에서 벗어나게 된다. 스스로를 정죄하던 심판을 은혜로 벗어나면 그 다음은 무엇인가?

은혜가 죄를 다스리게 하기까지 예수님께서 우리를 용서해주신 것은 우리가 과거에 지은 죄에 대한 것이다. 스스로를 심판하던 정죄감에서 벗어나게 해주시는 은혜이다. 더 이상 죄를 짓지 말고 죄를 다스리는 삶으로, 예수님을 닮은 삶으로 나아가라는 용서이다. '과거에 대해 용서를 받았으니 이제는 내가 원하는 삶을 살아야지' 하는 마음은 받은 은혜를 금방 소멸케 한다. 은혜는 내가 원하는 삶을 살기 위한 조건이 아니라 정죄감 없이 예수님을 닮아가고 고질적인 죄를 다스리기 위한 조건이다.

필요가 중심인 관계의 고통 내 죄를 용서해주신 예수님이 내 삶의 중심이 되면 스스로를 더 이상 정죄하지 않게 된다. 정죄감에서 벗어나 자유로워진다. 그런데 곧바로 내가 원하는 삶을 살고 싶다는 내 필요가 들어온다. 삶에 대한 필요가 은혜를 대신하게 된다.

예수님 앞에 나아가서 주로 하는 기도도 내 필요들이다. 이제 죄를 다루는 기도는 없어졌다. 있어도 형식적이다. 용서를 받았는지 안 받았는지 정확하지 않다. 그냥 어디서 듣기로 회개하면 용서해주신다는 것을 알 뿐이다. 피 흘리신 용서로 시작된 관계, 그 뜨겁고 진실하고 생명을 주신 예수님에 대해 인생을 건 헌신의 관계는 사라진다. 진실했던 관계가 누군가의 필요로 변할 때의 고통을 우리는 알고 있다. 관계 안에 있던 좋은 모든 것은 사라지고, 자신의 필요에서 나오는 불편한 요구와 신뢰가 사라진 관계에 대한 슬픔만이 남는다.

우리는 여전히 죄를 짓기에 예수님의 용서가 계속 필요하다. 또한 삶의 필요도 예수님께서 우리에게 주신 은혜를 따라 주어진다. 용서를 받았으니 내가 원하는 것을 받아내야겠다는 욕심으로 가거나 은혜로 출발했지만 이제는 내 생각대로 살겠다고 한다. 이것은 틀린 생각이다. 오직 은혜로 해야 한다.

십자가 죽음의 의미

신분의 변화 성경은 예수님을 믿으면 하나님의 자녀가 되는 권세를 받게 된다고 말씀하신다. "영접하는 자 곧 그 이름을 믿는 자들에게는 하나님의 자녀가 되는 권세를 주셨으니"(요 1:12). 하나님의 자녀가 된 삶에 대해 갈라디아서는 "때가 차매 하나님이 그 아들을 보내사 여자에게서 나게 하시고 율법 아래에 나게 하신 것은 율법 아래에 있는 자들을 속량하시고 우리로 아들의 명분을 얻게 하려 하심이라"(갈 4:4,5)라고 말씀하신다.

예수님을 믿으면 하나님의 자녀가 된다. 하나님의 자녀, 아들의 명분을 얻게 된 사람들은 율법 아래서 속량(해방)되었다. 예수님을 믿지 않으면 죄가 해결되지 않는다. 예수님이 우리의 죄를 대신 담당하셨기에 그분을 믿지 않으면 죄를 용서받을 수 없다. 죄를 용서받는 것은 예수님을 믿음으로 가능하다.

우리는 그리스도 안에서 그의 은혜의 풍성함을 따라 그의 피로 말미암아 속량 곧 죄 사함을 받았느니라 엡 1:7

예수님을 믿으면 죄가 용서되어 믿음으로 의롭게 된 의인이 되고, 믿지 않으면 죄가 여전하여 죄인이 된다.

율법 아래에 있다는 의미 율법은 죄가 있는 사람들을 심판하는 법이다. 죄와 사망의 법이다. 예수님을 믿지 않아서 죄가 해결되지 않은 죄인들은 재판장이 되시는 하나님 앞에서 율법에 따라 심판을 받는다. 예수님을 믿지 않는 사람들, 죄가 해결되지 않은 죄인들은 다 심판을 받는다. 그러나 예수님을 믿는 사람들은 심판을 받지 않는다. 예수님을 믿음으로 죄인이 아니라 하나님의 자녀가 되었기 때문이다. 예수님을 믿고, 하나님의 자녀가 되고, 그분의 율법 아래서 속량된다.

예수님께서 십자가에 죽으심으로 우리는 죄를 용서받았다. 그래서 이제 우리는 율법 아래에 있지 않다. 속량되었다.

내가 율법으로 말미암아 율법에 대하여 죽었나니 이는 하나님에 대하

여 살려 함이라 갈 2:19

로마서 8장은 우리가 죄와 사망의 법에서 해방되어 생명의 성령의 법 아래에 있다고 말씀해주신다. 율법은 예수님을 믿는 하나님의 자녀들에게는 효력을 상실한다. 예수님을 믿고 하나님의 자녀가 된 사람들에게는 율법이 심판의 권한을 갖지 못한다. 예수님을 믿지 않았던 때의 율법이 가진 권한과 효력에서 우리는 완전히 벗어난다. 이제 우리는 율법의 심판을 두려워하는 과거의 삶이 아니라 생명의 성령의 법 아래서 하나님을 기쁘시게 하는 그분의 자녀로 살게 된다. 율법의 요구를 이루는 삶으로 나아가게 된다.

> 육신을 따르지 않고 그 영을 따라 행하는 우리에게 율법의 요구가 이루어지게 하려 하심이니라 롬 8:4

그리스도와 함께 십자가에 못 박혔다는 의미 갈라디아서 2장은 우리가 그리스도와 함께 십자가에 못 박혔다고 말씀해주신다. 또한 로마서 6장 6절은 "우리가 알거니와 우리의 옛 사람이 예수와 함께 십자가에 못 박힌 것은 죄의 몸이 죽어 다시는 우리가 죄에게 종 노릇 하지 아니하려 함이니"라고 말씀하신다.

존 스토트 목사님은 자신의 책인 《새 사람》(Man made new)에서 우리가 죽었다는 것은 우리의 죄에 대해 감각이 없어졌다는 의미가 아니라고 설명해준다. 예수님의 십자가 죽으심에 참여했다는 의미는 우리가 죄에 대해 완전히 죽은 사람처럼 되었다는 게 아니라는 것이다. 그렇게 되면 예수님의 십자가 죽음이 잘못 해석될 수 있다. 그 의미는 우리의 죄에 대한 죽으심이다. 죄에 대한 감각이 모두 없어지는 죽음이 아니다.

옛사람이 십자가에 못 박혔다는 것은 죄를 짓고 율법의 심판 아래에 있던 사람이 죽고, 하나님의 자녀가 되어 새사람으로 살아간다는 의미이다. 예수님을 믿고 신분이 변화되었으니 옛사람과는 결별이다. 우리의 신분이 새로워졌고, 법 적용도 생명의 성령의 법 아래에 있게 된다.

함께 죽는다는 의미 예수님의 십자가는 우리의 죄를 용서하시는 십자가이다. "이 뜻을 따라 예수 그리스도의 몸을 단번에 드리심으로 말미암아 우리가 거룩함을 얻었노라"(히 10:10). 예수님께서 십자가에서 우리의 죄를 용서하심으로 우리는 거룩함을 받는다. 그래서 우리가 그 십자가 죽음에 참여한다는 것은 예수님의 용서하심에 참여한다는 의미이다.

십자가에서 내 죄를 용서해주신 예수님을 믿음으로 죄를 용서받는다. 우리는 죽지 않았다. 예수님만 십자가에서 죽으셨다. 그런데 우리도 예수님의 죽으심에 참여한다는 것은 죄를 향한 용서를 통해 새 생명이 된 것을 믿음으로 받아들이는 것이다.

만일 우리가 그리스도와 함께 죽었으면 또한 그와 함께 살 줄을 믿노니 롬 6:8

거룩함의 방향 거룩함은 십자가에서 내 죄를 위해 대신 죽으신 예수님께 받는 것이다. 내가 거룩해져서 다시는 죄를 짓지 않는 사람이 되었다고 생각하면 자기기만에 빠져 스스로를 속이게 된다. 죄를 향한 욕구가 여전한 것을 어느 순간에 자신의 내면에서 발견하게 된다. 심각한 죄를 짓지 않는다고 자신 안에 있는 죄의 욕구가 없는 것처럼 생각하면 삶과 생각이 분리될 수 있다. 남들에게도 거짓말을 할 수 있다.

우리는 가지이다. 참 포도나무 되신 예수님께 붙어 있어야 한다. 방향이 중요하다. 내가 거룩해지려는 방향으로 가면 길을 잘못 들어설 수 있다. 거룩함을 계속해서 받는 방향으로 나아가야 한다. 가지의 본분을 잊지 말고, 포도나무 되신 예수님께 붙어 있으려는 방향으로 나아가야 한다.

용서

중요한 것은 용서이다 예수님의 십자가 죽으심은 내 죄에 대한 용서이다. 그래서 우리는 용서를 받아 십자가에 참여할 수 있게 된다. 옛사람이 십자가에 못 박혔다는 것은 내 결단으로 옛사람이 죽어버린 게 아니라 용서를 받아 옛사람의 신분과 심판의 효력이 정지된 것이다. 심판은 사라졌고, 하나님 아버지를 닮아가는 자녀의 삶이 시작된다.

용서받아 새로운 삶을 살게 된 우리는 예수님의 용서 가운데 거해야 한다. 새로운 신분, 하나님의 자녀 된 삶을 살게 되었다고 해서 바로 모든 죄가 끊어지는 건 아니다. 우리의 삶에는 여전히 죄가 있다. 죄의 본래적 의미는 과녁에서 벗어났다는 것이다. 또한 관계 안에서 기대가 충족되지 않은 것을 뜻하기도 한다. 우리는 하나님의 뜻에서 자주 벗어나고, 아버지 되신 그분을 근심케 한다. 그래서 회개가 필요하고 용서를 받아야 한다.

신분이 바뀌었는데도 여전히 두려워하면서 회개한다고 누군가는 말한다. 두려워하면서 회개하는 게 아니라 하나님 아버지를 근심케 한 자녀의 마음으로 용서를 구해야 한다. 한없는 용서를 베푸시는 하나님께 감사해야 한다. 그리고 여전히 내 죽은 행실들이 나올 때 자신의 약함을 한탄하면서 겸손하게 죄송한 마음으로 용서를 구해야 한다.

철이 들었다는 것 자식이 부모의 마음을 이해하기 시작했다면 그건 철이 든 것이다. 어릴 때는 부모에게 늘 요구만 하고 자신의 요구를 들어주지 않으면 부모가 어떤 상황에 있든지 상관없이 서운해한다. 내 요구를 들어주지 않으면 부모의 사랑을 의심하고, 간혹 부모가 자신에게 서운한 소리를 하면 부모를 부담스러워하며 피한다. 이것이 철없는 행동이다.

철이 든 자녀는 부모의 진심을 헤아린다. 그래서 자신의 요구를 함부로 말하지 않게 되고, 부모가 어떤 심정으로 고생하며 살았는지를 이해하게 된다. 영원히 철이 들지 않는 자녀를 볼 때면 부모도 억울한 마음이 든다. 자식이 부모의 마음을 조금이라도 알아준다면 부모로서 살 만할 것이다. 부모가 알아주기를 요구하지 않아도 철이 든 착한 자녀는 부모의 마음을 헤아린다.

신앙의 철이 든 사람 신앙의 철이 든 사람은 하나님 아버지를 두려워하지 않는다. 아버지께서 주신 용서에 대한 확신이 있기 때문이다. 용서를 받았고, 항상 용서를 받을 수 있는 자녀가 되었기에 하나님의 사랑에 대한 안정감이 있다. 자녀가 항상 안정된 마음으로 부모를 대할 때 부모는 행복하다. 우리가 하나님을 두려워하지 않을 때 그분은 우리 안에 불신이 사라진 것을 아시고 기뻐하신다.

신앙의 철이 들지 않은 사람은 하나님께서 무엇을 원하시고 기뻐하시는지를 살피지 않고, 그렇게 하고 싶어 하지도 않는다. 그러나 신앙의 철이 든 사람은 자신의 필요를 구하는 것이 욕심을 이루려는 건 아닌지 스스로 근심한다. 그것이 하나님 아버지를 괴롭히는 일이라는 것을 알기 때문이다. 그래서 하나님의 심정을 헤아려 알고자 하는 마음으로 자신의 숨은 동기를 살핀다.

또한 하나님의 뜻이 항상 자신의 뜻보다 좋다는 것을 알게 된다. 그래서 아버지의 뜻을 알고 싶어 하고, 그 뜻에 순종하는 것을 기쁨으로 여긴다.

언제 철이 드나 사람이 언제 철이 들지는 아무도 모른다. 어느 순간에 부모의 마음을 이해하고, 부모를 향한 요구와 불신을 조심스러워하게 될지는 아무도 모른다. 언제쯤 부모와 속 깊은 대화를 하게 될지도 모른다. 시간이 필요하다.

신앙이 성장하려면 하나님 아버지의 마음을 이해하는 자녀가 되어야 한다. 나를 향한 하나님의 깊고 깊은 뜻과 사랑이 있다는 것을 느껴야 한다. 시간이 걸린다. 그전까지는 늘 신앙의 주요한 주제가 자신의 필요이고, 그에 따라 자신의 욕심으로 관계를 주도하고 싶어 한다. 자신이 할 수 있는 모든 걸 동원해서 관계를 조종하고 욕구를 채우고 싶어 하는 게 사람이다. 그런 시도를 멈추면 철이 든 것이다.

용서를 계속 받다 보면 하나님 아버지의 용서를 계속 받는다는 것은 적어도 자신의 삶, 특히 부정적인 부분에 대해 하나님 앞에서 정직하다는 것이다. 정직한 관계 안에서 용서를 받는다는 것은 하나님의 사랑을 느낀다는 것이다. 용서와 사랑을 받을 때만 우리는 진실해질 수 있다. 그런데 얼마나 용서를 받아야 자신의 죄를 하나님 앞에서 진실하게 다루게 될지는 모른다.

충분한 용서와 사랑을 느끼지도 않았는데 죄에 대해 다루는 것을 멈춘다면 관계 안에 정직함이 사라진 것이다. 정직함은 거짓말을 하지 않는 정도가 아니라 자신의 어두움에 대해 하나님 앞에 숨김없이 보여드리는 것이다.

사랑을 느껴야 죄가 싫어진다 죄인에서 믿음으로 의의 자녀가 되었다는 신분의 변화는 하나님의 용서를 확신할 때 가능하다. 신분만 변하고 확신이 없다면 자신의 실수에 대해 여전히 옛사람이 반응을 하게 될 것이다. 신분의 변화에 대한 진정한 자각이 있을 때 옛사람이 싫어지고 죄가 미워진다. 하나님의 용서를 받아 화목하게 되었기에 그분과 불편해질 수 있는 옛사람의 행실이 싫어진다.

새로운 삶에 대한 소망이 없고, 심판에 대한 절망이 있을 때 옛사람은 여전히 우리 안에서 영향력을 갖는다. 그러나 용서가 현실이 되고, 실제로 하나님과의 새로운 관계, 즉 아버지와 자녀의 관계로서 화목한 삶이 현실이 되면 절망은 사라진다. 소망 가운데 새로운 신분이 주는 화목함을 지키고자 한다.

그러면 새로운 신분에 대한 자각은 어떻게 가능한가? 죄에 대해 끊임없는 하나님의 용서를 받으며, 심판받지 않으며, 아버지의 사랑을 받으면서 알게 된다.

'아, 내가 정말 심판받지 않고 용서를 받는구나. 하나님이 나를 사랑하시는구나!'

그때 하나님 아버지의 사랑 안에서 그분이 싫어하시는 죄를 나도 싫어하게 된다. 나는 본래 죄를 즐기던 사람인데 하나님의 사랑을 받고 보니 그분이 싫어하시는 게 무엇인지 알게 되어 그것이 싫어진다. 죄는 하나님이 싫어하시는 것이다.

하나님과 아무런 관계가 없던 때는 그분이 싫어하시는 것을 아무 생각 없이 행했다. 그러나 용서를 받으면서 죄가 예수님을 피 흘리시게 하는 것임을 알게 되고, 죄를 떠올리면 그분의 수고와 사랑을 느끼게 된다. 내 죄가 내 죄로 끝나는 게 아니라 예수님을 피 흘리시게 하는 문제라는 것을 비로소 알게 된다. 그런 일을 계속할 수는 없다. 혹 연약하여 넘어졌어도 그것은 아주 고통스러운 일이 된다. 하나님의 고통이 느껴지기 때문이다.

예수님께 용서받은 사람

용서해주신 예수님을 향한 마음 내게 예수님은 '내 죄를 용서해주신 분'이라는 생각이 가장 먼저 든다. 우리는 삶의 상황을 따라 여러 가지 필요와 기대를 가지고 예수님께 나아갈 수 있다. 그러나 예수님께서 내 죄를 용서하시기 위해 십자가에서 대신 형벌을 당하셨다는 것을 믿음으로 알게 되면 우리 마음의 태도는 달라진다.

내 상황과 필요를 따라 예수님을 향한 마음이 왔다 갔다 하는 게 아니라 특별한 마음이 된다. 예수님을 향해 마음을 함부로 먹지 않고 존중하며 조심하며 감사하게 된다.

'용서'容恕라는 말은 참 아름답다. '용'은 '얼굴', '서'는 '같은 마음'이라는 뜻이다. 그대로 이해하면 '얼굴을 보고 같은 마음을 품는다'라는 의미이다. 예수님은 죄짓는 우리를 향해 얼굴을 돌리지 않고 대신 십자가를 지시고, 우리를 이해해주시고 용서해주셨다. 우리는 예수님께 용서를 받은 사람들이다.

용서받는 사람의 마음 어렸을 때 누군가가 커피포트를 사와서 신기한 마음에 물을 끓여보았다. 그런데 아무도 없던 집에 갑자기 어떤 사람이 와서는 밖에서 전기계량기를 보고 있었다며 커피포트의 전원을 당장 끄라고 했다. 얼마나 놀랐는지 모른다.

나는 어려서부터 주변 사람들에게 '용서받는다'라는 게 뭔지 모르고 자랐다. 그래서 누군가 자신의 부모에게 당연하게 무언가를 요구하는 모습을 볼 때마다 정말 부럽고 놀라웠다. 혹 실수를 해도 부모를 향해 불안해하지 않는 모습이 참 좋아보였다.

장성한 후에 나는 예수님께 용서를 많이 받았다. 그때마다 참 행복하고 감사했다. 용서를 받기 위해 일부러 죄를 짓지는 않았지만 내 실수가 있을 때마다 그분의 용서는 계속되었다. 용서를 해주실 때마다 항상 따뜻한 이해와 격려를 받았다. 용서를 받고 나면 예수님은 내 삶에서 더욱 높아지셨다. 정말로 예수님과 같이 있고 싶고, 그분께 잘하고 싶었다. 혹 내가 실수를 해도 예수님과의 소중한 관계를 잘 지키고 싶다는 생각이 간절했다.

나는 용서받았다. 진실하기만 하면 언제나 따뜻한 용서가 이어졌다. 그래서 평생 진실하게 용서를 받겠다고 결심했다.

'결코 예수님 앞에서 나 자신을 방어하지 않겠습니다. 항상 용서를 받는다면 나는 살 수 있습니다.'

용서와 믿음 우리는 죄를 믿음으로 용서받는다. 믿음의 내용은 내 죄를 예수님께서 용서해주셨다는 것이다. 그러므로 믿음이 좋은 상태는 내 죄가 용서받았다는 사실을 잘 믿고 있는 때이다. 내 죄를 용서해주시는 예수님을 믿지 않으면 용서를 경험할 수 없다. 예수님을 잘 믿는 사람이라면 누구나 다 그분이 죄를 용서해주셨다는 것을 감사함으로 알게 된다. 내 죄가 용서되는 믿음을 사람이 스스로 추구할 수는 없다. 예수님께서 은혜를 베풀어주신다. 그러므로 항상 그런 은혜를 사모해야 한다.

은혜 안에서 자주 용서를 받고 있다면 우리의 믿음은 좋은 상태이다. 성경이 항상 강조하는 것이지만 은혜를 더하기 위해 죄를 짓지 않는다. 죄를 용서받고 믿음이 성장하면 우리는 용서받은 것을 육체의 기회로 삼지 않고, 다른 사람을 섬기고 종노릇 하는 데 사용해야 한다.

죄를 용서받았으면 자신의 용서에 대한 확신이 있어야 한다. 다시 죄에 대한 정죄감이 몰려올지라도 받아들이지 말고 용서가 내 마음에서 느껴지기 이전에 예수님께서 해주신다는 것을 알고 인정해야 한다. 용서는 내가 죄책감에서 벗어나기 위해 스스로 만든 마음이 아니다. 예수님께서 나를 용서해주신 것이다. 용서는 예수님께서 주시는 것이지 내가 평안하기 위해 만들어 낸 게 아니다.

나를 용서하시기 위해 십자가를 지신 예수님의 뜻과 인격을 신뢰하고, 용서의 내용을 잘 알고 있다면 흔들리지 말고 겸손하게 용서를 받고, 예수님의 은혜 안에서 확신을 가져야 한다.

항상 진실하게 예수님 앞에 나아가 죄를 인정하고 회개할 때 용서를 받을 수 있다는 것을 알고 믿어야 한다. 믿음이 연약하면 '예전에는 내가 용서받았지만 이번에는 용서하시지 않을 것'이라고 생각하게 된다. 그것은 예수님의 용서에 대한 불신이라기보다는 자신의 의로움이 무너져 부끄럽고 인정하기 싫다는 마음의 내용이다.

'한 번 용서받으면 됐지, 또 용서받을 일을 내가 왜 해야 하는가' 하면서 자신의 죄에 대한 정죄감을 스스로 합리화시켜 믿음과 용서받는 삶에서 벗어나버린다. 자신의 의로움이 중요한 사람들은 위험하다. 그들은 용서받고 싶어 하지 않는다. 용서받을 일을 해서는 안 된다고 생각한다. 겉으로는 훌륭하게 보일지 모르나 위험한 신앙이다. 우리는 부족한 인간이다. 항상 예수님께 용서받아야만 하고 은혜를 받아야만 하는 존재이다.

예수님은 용서하심으로 내 주인이 되셨다 예수님께서 나를 용서해주셨다는 것은 내 죄에 따른 형벌에서 벗어나게 해주셨다는 것이다. 내 죄를 따라 심판을 받고 지옥에 가야 하는데 예수님께서 용서해주심으로써 심판을 면하고 천국에 가게 되었다.

나를 용서해주신 예수님은 내 생명의 주인이 되셨다. 지옥으로 갈 생명을 천국으로 가도록 바꾸어주셨다. 죄의 노예를 십자가의 피로 사서 하나님의 자녀로 바꾸어주셨다. 이제는 내 마음대로 내가 주인 되고 죄의 종노릇 하던 삶은 끝내야 한다. 새로운 내 삶의 주인이 생긴 것이다. 그분은 바로 내 죄를 용서하시고 나를 살려주신 예수님이시다.

한세대 신대원에서 채플 설교를 하고 나오는데 한 후배가 나를 따라왔다. 안산에서 복음을 전하고 있는데 외국인 노동자들이 많아서 예수님을 좋은 사장님으로 표현하며 설명했다고 한다. 한참을 듣던 한 외국인이 자신도 그런 사장님 밑에서 일하고 싶다고 했다는 것이다. 그래서 예수님에 대해 잘 설명해주었다고 했다. 비가 오는데 우리는 우산도 없이 길에 서서 같이 기도했다.

우리에게는 주인이 계신다. 좋은 주인이신 예수님이시다. 용서받는 삶은 예수님을 주인으로 모시는 삶이다.

죄에 대한 올바른 태도

죄의 고통 캐나다에서 온 메일을 받았다. 내 첫 책인 《증언》을 읽었다고 한다. 죄에 대해 많이 고통스럽다고 하며 잘 견디다가도 무너지면 아주 힘들다며 어떻게 해야 하느냐고 물었다. 답장을 보냈는데 확신이 없다. 비교적 정성스럽게 최선을 다해 보냈지만….

사실 답이 없다. 자신의 죄 때문에 고통스럽다는 것은 매우 정상이기 때문이다. 죄를 짓고 고통스러워하는 것 자체가 건강하다는 증거이다. 죄의 고통을 겪는 것은 자연스러운 일이다. 은혜를 받고 잘 살다가 죄를 짓고 나서 오는 고통을 굳이 표현하자면 평강이 없는 것이다. 하나님께서 함께하시지 않는 고통이다. 하나님 아버지의 사랑을 받고 그분을 사랑한다면 죄를 짓고 나서 심각한 고통을 겪는 것은 당연하다.

사랑 가운데 평강하고 행복한 부모와 자녀가 있는데 자녀가 심각한 실수를 함으로써 부모와의 관계가 심하게 손상된 경우와 같다. 이럴 때 당장 무엇을 한다고 해서 깨진 평강이 바로 회복되지는 않는다. 용서를 해주셔야 다시 살 수 있다.

죄를 짓고 나서 고통스럽다면 용서를 기다려야 한다. 기다리는 시간의 고통은 감수해야 한다. 그것은 우리로서는 어쩔 수 없다. 평강 없는 고통의 시간이 싫어서 죄를 피하게 된다.

자기를 낮추는 기도 누가복음 18장에서 바리새인은 토색, 불의, 간음을 하는 자들과 같지 않고, 금식과 십일조를 드리는 기도를 했다. 세리는 하늘을 쳐다보지도 못하고, 자신은 죄인이라며 불쌍히 여겨 달라는 기도를 했다. 예수님은 세리가 의로우며 자신을 낮추는 사람이라고 말씀하셨다.

> 내가 너희에게 이르노니 이에 저 바리새인이 아니고 이 사람이 의롭다 하심을 받고 그의 집으로 내려갔느니라 무릇 자기를 높이는 자는 낮아지고 자기를 낮추는 자는 높아지리라 하시니라 눅 18:14

예수님은 자신의 죄를 인정하고, 스스로를 죄인이라고 고백하는 세리가 '자신을 낮추는 사람'이라고 하셨다. 그렇다면 아마도 바리새인은 '자신을 높이는 사람'일 것이다. 자신을 높이는 사람은 죄를 인정하지 않는 사람이다. 반대로 자신을 낮춘다는 의미는 죄를 인정한다는 의미이다.

동양의 고전인 《삼국지》에서 유비는 천둥칠 때 상 밑으로 들어가 무서워하는 척하며 조조로 하여금 그에 대한 경계심을 없애려고 했다. 이것은 자신을 낮추는 게 아니다. 너무나 인간적이고 깨끗하지 않다. 유비가 우리의 주요한 관심의 대상이라면 당장 바꾸어야 한다. 당연히 조조는 거론의 대상이 되어서도 안 된다. 적어도 하나님께 인정을 받고 싶다면 우리의 지식이 새로워져야 한다. 자신을 낮추는 사람은 하나님 앞에서 자신의 죄를 인정하고 불쌍히 여겨달라고 호소하는 사람이다.

높이시고 낮추시는 하나님 하나님께서는 사람을 높이시고 낮추신다. 굳이 이런 이야기를 하는 이유는 하나님께서는 우리가 죄에 대해 어떤 태도를 취하는지에 관심이 있으시고, 그런 태도를 보고 우리를 어떻게 하실지 결정하신다는 것을 말하기 위해서다.

만약 어떤 사람을 하나님께서 낮추셨다면 그의 죄도 죄지만 무엇보다 죄에 대한 태도에 문제가 있다고 할 수 있다. 세리처럼만 하면 자신을 낮추는 사람이라고 인정을 하고 심지어 높여주신다고 하는데 우리는 그러지 못할 때가 많다.

사람들은 사람이 왜 높아지고 낮아지는지 잘 알지 못한다. 높아지면 경계심을 품으며 살피고, 낮아지면 불쌍히 여기면서 더 이상 내 경쟁자가 아니라는 것에 안심을 한다. 하나님께서 어떤 사람을 높이셨다면 그는 자신의 죄를 인정하고 하나님께 불쌍히 여김을 받은 사람이다. 사람들의 눈을 무서워하면서 자신의 죄를 인정하기보다는 차라리 하나님 앞에서 낮아지기를 감수하는 사람들이 있다.

그 대표적인 인물이 사울이다. 그는 사람들 앞에서 왕으로서의 권위를 잃을까 두려워 자신의 죄를 끝까지 인정하지 않았다. 그에게는 하나님께서 낮추시는 것보다 사람들이 자신을 우습게 보는 게 더 중요했다. 우리는 단순히 죄를 인정하지 않는 게 아니라 사람들을 의식하며 수치를 당할까 두려워한다.

반면에 다윗을 왜 높이셨는가? 자신의 죄를 인정하고 울며불며 하나님께 엎드렸기 때문이다. 자식들을 포함하여 사람들은 다윗을 무시하지만 하나님은 그를 인정하시고 높이셨다.

죄인임을 인정할 때 높임 받는 것 무슨 죄를 지었는지 죄의 내용에 대한 인정이 있을 것이다. 그러나 죄에 대한 결정권이 하나님께 있다는 것을 인정하는 게 더 중요하다. 결정권을 자신이 사용할 수 있다. 그러나 내가 죄를 지었는지 아니면 죄를 짓지 않았는지를 스스로 결정하는 것은 옳지 않다.

내 죄에 대한 결정권은 하나님께 있다는 것을 인정하는 게 중요하다. 하나님 앞에서 분명한 죄인데도 죄가 아니라고 우길 수 있는

크리스천은 거의 없을 것이다. 단지 자신의 죄에 대한 결정권을 하나님께 맡겨드리고 처분을 기다리는 모습이 없을 뿐이다.

예수님은 세리가 의롭다 하심을 받았다고 말씀하신다. 죄를 용서받고 거룩해졌다는 의미이다. 죄를 용서받은 사람은 하나님의 뜻 안에서 살게 된다. 그리고 하나님과의 관계가 화목해진다. 하나님께서 그를 인정해주시고 높여주신다. 먼저 하나님과의 관계 안에서 칭찬을 받고 높임을 받게 된다. 또한 그것은 필연적으로 내 삶에 복된 결과로 나타난다.

하나님께서 높여주시는 칭찬이 줄어들면 안 된다. 물론 연단 받는 과정에서는 칭찬보다는 강건한 격려가 있을 수 있다. 때로는 오랜 침묵의 시간이 있을 수도 있다. 그러나 우리의 죄를 인정하고 용서받을 때 우리는 하나님의 사랑과 칭찬을 경험하게 된다. 높아지는 것이다. 하나님의 칭찬은 단지 칭찬으로만 끝나지 않는다. 삶의 모든 좋은 것들이 그분으로부터 오기 때문에 그것들을 받게 된다. 히브리서 11장의 표현처럼 하나님을 찾는 자들에게 주시는 상을 받게 된다.

하나님을 향한 태도를 새롭게 하기

태도의 중요성 마음의 내용과 상관없이 윗사람들을 향한 태도가 좋지 않아서 손해를 보는 사람들이 있다. 실제로는 윗사람을 존경하는데 분위기를 좋게 하려는 실없는 유머로 윗사람을 가볍게 대한다는 오해를 받을 수 있다. 반대로 윗사람을 향한 자신의 진실한 마음을 숨기고 좋은 태도로만 인정을 받는 사람들이 있다. 둘 다 별로다. 진짜 좋은 것은 진심에서 나오는 진실하고 좋은 태도이다. 마음의 태도가 중요하다. 그것이 마음의 내용과 관계를 결정한다. 특히 하나님 아버지를 향한 마음의 태도는 내 모든 것을 결정한다.

필요 중심 하나님께서 내 아버지가 되신다는 사실을 잘 알고 있다.

구하기 전에 너희에게 있어야 할 것을 하나님 아버지께서 이미 아신다는(마 6:8) 말씀도 잘 알고 있다. 그러나 하나님 앞에 나아와서 주로 구하는 내용은 내 필요들이다. 하나님을 향한 마음의 첫 번째 내용이 필요를 해결하려는 마음이다.

다른 나라에서 집회를 한 적이 있다. 몹시 피곤하고 힘들었다. 떠나온 교회도 생각이 나고, 기도가 되었다. 교회 집사님들에게 메일이 왔다. 세 집사님이 각각 보내왔다. 첫 번째 메일은 자신이 교회에서 맡은 일을 어떻게 처리했는지를 알리는 내용이었다. 다른 메일은 자신에게 생긴 일을 알리고 도움을 받으려는 것이었다. 마지막 메일은 멀리 강의를 하러 가서 내가 고생하고 있지는 않은지 걱정이 된다는 내용이었다.

우리는 하나님께 어떤 메일을 보내고 있을까? 평소에 어떤 마음의 태도를 갖고 있을까? 나를 향한 하나님 아버지의 마음을 안다면 그 마음을 헤아려야 한다. 나를 향해 가장 관심을 두시는 게 무엇인지 기억하고, 하나님 아버지께서 원하시는 내용을 가지고 그분 앞에 나아가야 한다. 내 마음이 가는 대로 하나님을 생각해서는 안 된다. 그분이 원하시는 대로 나를 생각하고, 마음을 돌아보고, 관계를 돌아보아야 한다.

두려움 목사가 되어 가장 힘든 것은 사람들이 어쩐지 거리를 둔다는 것이다. 부산에 갈 때면 만나는 후배 동준이가 말했다.

"형은 목사 같지 않아서 좋아요. 낡은 가방을 끌고 다니는 모습이 노숙자 같아요."

그래서인지 대낮에 대로에서 만나는 사람들이 나를 못마땅해한다. 행색에 비해 근엄한 내 표정이 사람들을 혼란스럽게 하는지도 모른다. 옷을 깔끔하게 입으면 아무도 그렇게 쳐다보지는 않을 것이다. 나를 모르는 사람은 나를 노숙자로 볼 만큼 행색이 허름한데도 막상 교회 성도들과는 자연스럽지 않은 거리감이 있다.

그렇다면 내가 목회를 잘못하고 있는 건 아닌가? 자연스러운 거리감의 원인은 아마도 예수님 중심의 관계에서 오는 게 아닐까 생각한다. 서로 욕심으로 딱 맞는 관계라면 거리감이 없지 않을까? 어떤 상황에서도 예수님이 원하시지 않는다면 정색하고 서로를 대할 수 있다는 긴장감이 주는 부자연스러움이 있다.

우리는 내 욕심이 받아들여지지 않을 것 같은 하나님의 거룩함을 향해 부담감을 갖는다. 하나님의 거룩함이 부담스럽고 두렵다. 본래 어두움은 빛을 싫어한다고 성경은 말씀하신다. 우리 안에 있는 어두움이 빛 되신 하나님을 향한 두려움을 갖게 한다. 빛을 두려워하는 우리 안에 있는 어두움이….

겸손함 딸 희락이는 옳은 것에 민감하다. 나를 닮은 듯해서 흐뭇하다가도 걱정이 된다. 그로 인해 다른 사람과 부딪칠 것 같아서…. 딸과 사회 문제를 두고 이야기를 하다가 "우리가 다 독립운동은 못해도 독립운동을 했던 분들이 옳았다는 것은 인정해야 한다"라고 말했더니 아이가 고개를 끄덕인다.

우리는 자주 옳지 못하다. 그래서 항상 옳으신 하나님을 향해 부담과 두려움을 가질 수 있다. 그러나 내가 틀리다고 옳은 것을 부정해서는 안 된다. 나는 틀려도 하나님은 맞으시니 그분께 가서 도움을 받아야겠다는 겸손함이 옳은 태도이다.

> 악을 선하다 하며 선을 악하다 하며 흑암으로 광명을 삼으며 광명으로 흑암을 삼으며 쓴 것으로 단 것을 삼으며 단 것으로 쓴 것을 삼는 자들은 화 있을진저 사 5:20

나는 자주 틀리고 하나님 아버지는 항상 옳으시다는, 그래서 의로우신 하나님 아버지가 좋고 안심이 된다는, 그런 분이 내 아버지가 되신다는 사실이 자랑스럽다는 고백을 올려드릴 수 있다면 하나님의 이름을 크게 높이는 자녀가 될 것이다. 내가 갖는 두려움을 해소하기 위해 빛을 내 어두움으로 바꾸려고 하는 허무한 마음의 조작을 멈추고….

어두운 추측 마음이 꼬인 사람은 자신의 오해를 근거로 한 추측이 많다. 그 추측이 심해지면 전문적인 치료가 필요하다. 우리의 마음은 늘 아슬아슬하다. 전문적인 치료가 필요한 상황과 평범한 일상은 아주 가까이 있다. 자신이 원하는 방향으로 조금만 일이 진행되지 않아도 하나님을 향해 불안한 추측을 하는 사람들이 있다. 진실을 말하지 말라고 하는 사람들도 있다. 그냥 잘된다는 말만 하라고. 진실에 조금만 접근하려고 해도 금방 표정이 변해 자리를 뜨거나 공격적으로 변한다.

노예로 팔려간 요셉, 누명을 쓰고 감옥에 간 그는 어떻게 그 고통에서 벗어날 수 있었는지 궁금하다. 그는 자신을 죽이려다 팔아버린 형들과 자신에게 누명을 씌워 감옥에 보낸 보디발의 아내를 어떻게 용서했는가? 어떻게 그런 상황에서 마음이 꼬이고 이상해지지 않을 수 있었을까? 형들은 멀리 있고, 보디발의 아내는 그가 어떻게 하기에는 큰 힘을 가지고 있다 치더라도 하나님을 향한 자신의 마음의 태도는 어떻게 정리했을까?

하나님께서 해와 달과 별들이 그에게 절하는 꿈을 주시지 않았는가. 보디발의 아내의 집요한 유혹을 하나님 앞에서 죄를 지을 수 없어서 외롭고 잘생긴 젊은 남자가 거절하지 않았는가. 그런데 왜 감옥인가? 우리는 이런 이야기를 듣기만 해도 마음이 상한다. 나와 가까운 사람이 이런 일을 겪고 있다면 우리의 믿음과 하나님을 향한 신뢰는 금세 무너지고 말 것이다. 인간이 하나님 경외함을 가장 자주 잃어버리는 게 바로 이런 경우이다. 잘못한 게 없는 사람이 받는 핍박과 고통 그리고 잘못한 사람이 누리는 평안함을 볼 때이다.

요셉은 고난과 핍박의 당사자임에도 마음이 꼬이지 않았다. 특별히 하나님을 향한 올바른 마음의 태도를 일관되게 유지했다. 그래서 요셉은 하나님과 함께할 수 있었고, 형통할 수 있었다고 창세기는 말씀해주신다(창 39:2).

내가 원하는 욕구가 이루어지지 않을 거라고 하나님을 오해하는 것, 내 어두움에 대해 하나님은 더 이상 용납하시지 않을 거라는 마음의 태도를 돌이켜야 한다. 하나님의 인격과 뜻을 믿음 없는 마음으로 추측하는 죄를 범해서는 안 된다.

말을 지어내지 않음 소문과 오해는 아주 작은 사실을 자신이 원하는 마음의 내용으로 각색하기 때문에 생긴다. 어떤 지체가 교회를 개척할 때 잠깐 같이 있다가 태국으로 갔다. 그와 함께 있는 동안 그를 돕느라 심적으로 고생을 조금 했고, 개척 중에 갑자기 떠나버려서 약간의 실패감을 느끼기도 했다.

나중에 강의를 간 곳에서 그에 관한 이야기를 하는 사람을 만났다. 그를 태국에서 만났는데 자신이 우리 교회 1호 파송 선교사라고 했다는 것이다. 금시초문이었다. 농담을 좋아하는 형제의 말을 그가 심각하게 들은 것인지도 모른다. 그래도 난 조금 당황스러웠다. 어려울 때 진심으로 도운 적은 있지만 선교사로 파송했다는 것은 사실이 아니다.

정확한 사실이라고 해도 권위를 가진 사람이 원하지 않는 것을 발설하면 관계는 깨진다. 나도 이런 실수를 한 적이 많다. 아주 사소한 것이었다. 대학 때 다른 학과 전공 수업을 들었는데 그 과의 교수님이 내게 잘해주셨다. 계속 공부하라고 격려해주시고 같이 연구해보자고 하시며 밥도 사주셨다. 밥을 먹으면서 따뜻하게 이야기를 하다가 교수님이 그 학과의 학생인 교회 후배를 좋은 아이라고 칭찬하셨다.

나중에 후배를 만나 "교수님이 너를 칭찬하시더라"라고 말했더니 그 후부터 교수님이 나를 이전처럼 친밀하게 대하시지 않았다. 매우 아쉬웠다. 있는 말을 해도 권위를 가진 사람은 관계를 결정하려고 한다. 하물며 없는 말을 지어낸다면 관계는 돌이킬 수 없게 된다.

자신이 원하는 욕구가 강하면 없는 말도 지어내게 된다. 하나님 앞에서 말을 지어내지 말아야 한다. 구체적인 어떤 상황에 대한 말뿐 아니라 하나님 아버지와의 관계에 대해 내가 원하는 것을 이루기 위해 말을 지어내면 안 된다. 구약의 선지자들은 하나님께서 이스라엘을 싫어하시고 이스라엘이 망할 거라는 그분의 뜻을 선포했다. 그러나 거짓 선지자들은 이스라엘이 여전히 하나님의 사랑을 받고 있다고 말을 지어냈다. 하나님의 뜻을 알려고 하지 않고, 내가 원하는 것을 이루기 위한 마음으로 관계를 스스로 규정하고 말하기 시작하면 상당히 심각한 상태에 빠진 것이다.

내가 하나님을 향해 무엇을 원하는지보다 하나님께서 나를 어떻게 보시는지에 더 민감한 것이 좋은 상태이다. 두려워서 관계를 살피는 게 아니다. 스스로 어떤 상황인지 모르고 이상한 말과 행동을 하면 나만 어려워진다.

과도한 개입과 책임을 요구하지 않는 태도 자신의 삶을 스스로 책임지지 않으면 누군가를 탓하게 된다. 어떤 부부가 서로 원망하면서 다른 사람들에게 자신이 덜 잘못했고, 상대방이 더 잘못했다고 말하기 시작한다. 슬픈 일이다. 누가 더 잘하고 못하면 어떤가. 가정이 무너지고 있는데 그것을 남에게 말해서 인정받는 게 무슨 소용인가. 가정이 무너지는 것보다 자신이 잘못하지 않았다는 것을 남에게 인정받는 게 더 중요한 사람이다. 내 가정에 대해 그들이 무슨 상관이 있단 말인가!

누가 뭐라고 해도 내 인생이다. 내 인생은 내 것이다. 내 인생을 좋게 혹은 나쁘게 만드는 것은 내 결정이다. 하나님께서도 우리를 지으시고 우리 인생에 대한 선택권을 맡기셨다. 물론 우리가 자발적으로 하나님의 뜻에 순종할 때 좋으신 하나님의 보호를 받을 수 있다. 심지어 우리는 하나님을 위한다면 스스로 손해와 고통을 감수할 수도 있다. 그러나 그것은 어디까지나 받은 은혜와 사랑에 감사해서 스스로 선택한 자발적인 순종이다. 그래서 우리의 인격은 파괴되지 않고, 점점 더 하나님과 타인을 사랑하는 사람이 된다.

자신의 죄는 회피하고, 삶의 선택은 무조건 내가 원하는 쪽으로 하나님이 결정해주시길 바라고, 책임질 일이 생기면 하나님께서 다져주셔야 한다는 태도는 좋지 않다. 우리가 예수님께 의존하는 것은 열매를 맺기 위한 건강한 의존이다. 예수님은 참 포도나무이시고 우리는 가지이다. 가지는 예수님께 잘 붙어만 있으면 좋은 열매를 맺는다. 예수님을 향한 의존은 내 인격적인 결단이며 헌신이다.

비유가 적절한지 모르겠지만 과거 일제의 압제가 있었을 때 독립운동 단체에 가입하는 사람은 스스로에 대해 자부심을 느꼈을 것이다. 그리고 자발적인 헌신으로 조국의 자주독립에 삶을 바쳤을 것이다. 반면에 다단계에 가입하는 사람은 스스로 어떤 선택도 할 수 없는 괴로움에 붙잡힐 것이다. 자신이 원하는 이익을 위해 속아서 가입했다면 정신을 차릴 때까지 삶은 점점 더 망가지게 된다.

건강하지 않은 돈에 대한 욕구를 잘못된 방법으로 풀려고 할 때 책임감은 상실되고, 더 나쁜 욕구에 이용당하는 마비된 인격만 남게 된다. 우리는 다단계에 가입한 게 아니다. 정신을 차리고 점점 더 좋은 인격으로 성장해가야 한다. 더욱 큰 책임감과 자부심으로 하나님과 다른 사람을 향한 건강한 헌신으로 나아가야 한다.

사랑에 대한 감사와 신뢰 하나님께서 우리를 사랑하셔서 독생자 예수 그리스도를 보내주셨다는 것에 대한 감사하는 마음이 필요하다. 하나님을 향한 가장 기본적인 마음이 감사여야 할 필요가 있다. 물론 삶이 고통스러울 때 감사가 저절로 되지는 않는다. 고통스러울 때는 입과 마음을 조심하여 참아야 한다. 항상 하나님 아버지를 향한 감사가 기본적인 마음이 되어야 한다.

빚을 많이 져서 쫓겨 다니던 사람이 좋은 주인을 만나서 빚을 탕감 받고 먹고 살 수 있는 일을 하고 있다면 그 주인을 만날 때의 기본적인 마음의 태도는 감사일 것이다. 마음을 확정해야 한다. 감사하는 마음이 되도록 특별히 마음을 써야 한다. 억울하고 슬프고 두려워도 하나님 앞에서 마음을 조심하여 감사함을 지키고자 애쓴다면 그 모든 과정을 좋으신 하나님께서 다 보실 것이다.

어떤 힘든 경우라도 '하나님께서 무언가 생각하신 게 있으리라'라는 하나님 아버지를 향한 신뢰에서 나오는 조심함이 있어야 한다. 재정이 어려울 때마다 나는 초조했다. 20년을 자비량으로 살아도 능숙해지지 않는다. 어제 재정이 넉넉해도 오늘은 장담하지 못하는 게 자비량의 삶이다. 그런데 마음의 태도가 바뀌었다.

'재정이 어려우니 내가 하나님을 더 의지하게 되겠구나.'

급한 마음으로 재정에 대해 갖가지 생각을 하던 것과 조금 달라진 모습이다. 재정에 대한 어려운 마음이 구체화되어 여러 생각이 들기 전에 부담스러운 마음을 붙잡는다. 재정은 항상 마음의 안정감을 무너뜨리지만 그동안 하나님께서 어떻게 하셨는지 보았기에 내가 해야 할 것은 걱정이 아니라 하나님을 향한 좋은 마음의 태도여야 한다는 것을 알게 되었다.

재정에 대한 걱정과 다시 싸워야 하는 부담이 있지만 하나님께서 항상 해결해주셨고, 은혜를 주셨다는 것을 기억한다. 그렇게 마음을 정리해가는 게 결국 하나님을 향한 내 마음의 상태를 좋게 해줄 것이고, 이번에도 좋으신 하나님을 만나게 될 거라는 작은 소망도 생길 것이다.

죄를 다스리기 위한 태도의 변화

죄를 지은 후의 느낌 한 방송 프로그램의 사회자가 자신이 죄를 짓고 나서 처음 몇 번은 마음이 힘들었는데 나중에는 힘들지 않아서 '아, 이제 나를 지옥에 보내기로 결정한 거구나'라고 생각했다고 한다. 같이 있는 사람들도 웃었고, 나도 웃었다. 예능 프로그램이니까 웃기려고 한 소리인데, 죄에 대한 우리의 관점을 보여주는 아주 일반적인 모습이 아닌가 싶었다.

죄를 짓고 나면 설사 기독교인이 아니더라도 마음이 힘들어지고 그런 부채 의식을 해결하고 싶어 한다. 건강이나 돈이나 명예 같은 것을 잃지 않으면 용서받았다고 생각하거나 혹은 지옥에 갈 거라고 생각을 정리하려고 한다. 눈에 띄는 벌을 받지 않는 한 "나는 괜찮다"라고 말하는 사람보다는 죄로 인해 자신이 지옥에 가게 될 거라는 사람이 얼핏 좋아 보인다. 그러나 자신의 죄를 스스로의 생각 안에서 해결한다는 면에서는 똑같다.

죄에 대한 자책감을 스스로 해결하려는 것은 무의미한 일이다. 노력이라고 해봤자 벌을 받을 정도는 아니라고 자신을 합리화하거나 지옥은 인정하지만 아직 내 일이 아니기 때문에 계속 죄를 즐기려는 태도에서 벗어나지 않는다. 자신의 죄에 대한 주도권이 자신에게 있다고 생각하는 태도는 좋은 모습이 아니다. 죄는 내가 짓지만 십자가는 예수님께서 지셨다. 죄를 짓지만 그것을 해결하는 데는 무능하다는 것을 하나님 앞에서 인정하는 게 좋은 모습이다.

성급함의 원인 죄를 짓고 나서 사람은 누구나 죄책감에서 빨리 벗어나고 싶어 한다. 죄를 용서받아야 하는 자신의 상태를 달가워하지 않는다. 죄를 다루는 게 아니라 자신의 필요를 해결하는 방법을 다루고 싶어 한다. 죄책감에 시달려서 자유를 상실하면 안 된다. 그러나 죄를 효과적으로 다룰 수 있는 신앙의 내용을 확보하기 전에 적당히 신앙의 주제를 바꾸고 지나간다면, 죄는 더욱 나쁜 모습으로 내 삶을 괴롭힐 것이다.

죄를 벗어버릴 정도로 그 죄를 다루기 전에 신앙의 중심 내용을 바꾸지 말아야 한다. 신앙의 1번 내용은 항상 '자신의 죄를 어떻게 다스리고 있는가' 하는 것이다. 성급하게 죄책감으로부터 벗어나려고 하면 마음은 속일 수 있어도 고질적인 죄는 삶을 계속 위협한다.

죄에 대한 고통에서 벗어나기 존 스토트 목사님은 로마서 강해 서문에서 자신도 젊은 날에 죄에 대해 깊은 고통과 고민을 했다고 밝힌다. 바울이 로마서 7장에서 밝히고 있듯이 "오호라 나는 곤고한 사람이로다 이 사망의 몸에서 누가 나를 건져내랴"라는 탄식이 필요하다. 선하신 하나님을 맛보아 알았기 때문에 선함이 무엇인지는 알지만 여전히 나는 죄 가운데서 죄를 즐기려는 분열의 고통이 좋은 것이다. 자신의 죄에 대한 무능함과 하나님 한 분 외에는 방법이 없다는 의존, 그리고 항상 이 둘 사이를 방황하는 인간의 실존에 대한 이해를 가져다준다.

죄에 관한 한 사람은 늘 하나님의 도움이 필요하다. 이 부분을 해결하려는 수많은 인간적인 시도가 인류 문화의 내용이 아닌가 싶다. 사람에게 스스로 죄의 고통을 벗어버릴 수 있다는 유혹은 가능하지만 그것은 진실이 아니다. 불가능한 일이다. 우리는 고통을 벗어버리는 데 집중하지 말아야 한다. 내 고통의 해결에 집중하면 무언가 해결책을 찾아내려고 할 것이다. 그것은 좋은 방향이 아니다.

고통을 대신 담당하시는 하나님을 찾아야 한다. 내가 고통을 벗기 위해서 무언가를 하기 전에 이미 하나님은 우리의 고통을 대신 담당하셨다. 그것에 비하면 아무것도 아닌 자책감마저 거부하면서 떳떳해지려고 해선 안 된다.

은혜는 하나님이 주신다. 우리는 받아야 한다. 우리에게 은혜를 주시기 위해 대신 고통을 담당하신 하나님을 찾는 게 우리를 지켜 줄 것이다. 그것이야말로 고통에서 벗어나는 방법이다. 죄는 이기적인 욕구의 최종 결과인데 그것을 또 이기적인 방법으로 벗어나려는 게 효과적이겠는가. 이기적인 욕구에서 오는 고통은 이타적일 때 비로소 벗어날 수 있다. 누군가 신앙적인 내용처럼 죄에 대한 고통을 해결할 수 있다고 말한다면 그 태도를 주의 깊게 살펴야 한다.

죄에 대한 고통은 나보다 먼저 하나님께서 느끼시는 것이고, 그 해결도 그분이 하시는데 그분의 고통을 느끼기 전에 내 고통을 해결하는 쪽으로 방향을 잡았다면 무언가 인위적인 결과를 가져왔을 수 있다. 태도와 방향이 중요하다. 하나님의 고통에 대한 이해가 내 죄에 대한 올바른 태도를 갖게 하고, 나를 고통스럽게 하는 죄를 다스리게 한다.

다시 말하지만 은혜와 자유는 내가 결정할 수 있는 게 아니다. 하나님께서 주시는 것이다. 우리는 받아야 한다. 내가 결정하려는 태도라면 방향을 잘못 잡았다. 자신의 방향을 살펴서 돌이켜야 한다. 내가 좋아지고 내가 해결하려는 태도는 안 된다. 하나님께서 기뻐하시고, 그분이 주시는 은혜를 받는 방향으로 가야 한다.

수치심의 극복 드러내고 싶지 않은 잘못이 드러났을 때 사람이 수치심을 느끼는 것은 자연스러운 일이다. 그렇지만 수치심 때문에 죄를 효과적으로 다루지 못하면 자신에게 손해이다. 수치심이 지나치면 모든 정직함에 대해 방어적인 태도를 갖게 된다. 자신의 죄에 대해 방어적이면 어느 누구도 도울 수 없다.

죄를 짓는 사람이 자신인데 자신의 죄를 방어하면 죄를 다루기 위한 출발도 하지 못한다. 죄를 다스리는 삶의 시작은 먼저 스스로 죄를 다루기로 결정해야 가능하다. 신앙 안에서 죄를 다루는 것은 경찰이 범인을 취조하는 게 아니다. 수치심이 지나쳐 방어적이 되면 주변의 모든 상황을 나를 범인으로 의심하는 경찰로 만들 수 있다.

예수님은 경찰이 아니시다. 나를 위해 십자가를 지신 내 보호자이시다. 그러므로 나를 돕기 위한 십자가 앞에서 스스로를 방어하지 말고 도움을 청해야 한다. 내 대신 수치를 담당하신 예수님을 신뢰하고 나아가야 한다. 그분의 보호와 용서를 경험하게 되면 수치심보다는 감사가 먼저 생긴다. 수치심은 내 부끄러움을 지키려는 방어이지만 감사는 내 죄를 대신 담당하신 예수님을 향한 감사이기 때문이다.

용서받을 때 내 부끄러움보다 예수님의 십자가가 더 중요해진다. 천국은 감사가 넘치는 곳일 것이다. 모두가 수치스러운 과거를 안고 있지만, 예수님의 용서로 과거보다 용서받은 지금의 감사가 넘치기 때문이다. 감사가 작아지면 수치심이 올라온다. 용서받고 감사하는 한 나를 용서해주신 예수님이 내 안에서 더 크신 것이다.

부끄럽지 않은 인생이 어디 있을까. 또 하나님 앞에서 부끄럽지 않으려는 노력이 신앙의 주요한 내용도 아니다. 어차피 누구나 죄짓고 실수한다. 그 차이는 누가 더 많이 용서받고 감사하는가이다. 수치심은 자연스러운 것이지만 지나치면 자신의 죄를 감추고 용서를 부인하는 결과를 가져올 수도 있다. 부끄럽다고 십자가를 거절하면 하나님 앞에서 진짜 부끄럽게 된다.

죄에 대한 무관심 중고등부 집회에서 설교하기가 힘든 이유는 죄가 없기 때문이다. 죄가 아이들의 삶의 주요 주제가 아니기 때문이다. 죄가 없다고 생각하거나 죄에 대해 무관심한데 십자가를 어찌 전하겠는가! 그래서 매우 힘들다. 죄가 있는데 무관심하니까 힘들고, 그러한 태도는 십자가에 대한 거부이기 때문에 힘들다. 죄가 적은 사람일수록 죄에 민감하고, 죄가 많을수록 무관심한 건 아닐까 생각하게 된다. 죄 자체에 대해 무관심한 사람은 죄를 조심하거나 괴로워할 이유가 없다.

성경은 죄에 대해 어린아이와 같은 태도를 가져야 한다고 말씀하신다. 어린아이들은 자신의 잘못을 곧바로 인정하고 또 불안해하며 운다. 죄에 대해 무관심하고, 불안함이 없는 담대한 태도가 좋은 게 아니다. 죄에 대해 어린아이 같은 태도가 좋은 태도이다.

죄를 다루는 효과적인 방법

욕심이 잉태한 즉 죄를 낳는다 나이를 먹어서도 예쁜 여자들을 볼 때 신경이 쓰이는 게 많이 괴로웠다. 지금은 지나가는 여자들을 신경 쓰지 않게 되었다. 남자이다 보니 완벽하지는 않겠지만 거의 신경 쓰지 않게 되었다. 그런데 갑자기 신경이 쓰인다. 평강이 없이 욕심의 눈으로 사람이 보인다. 이런 느낌이 불편하게 느껴지니 다행이다. 나는 내 내면을 추적하는 수사관이 된다. 왜 갑자기 사람이 보이는지 내 욕심을 살펴보기 시작한다.

죄는 어느 날 갑자기 아무 이유 없이 나타나지 않는다. 내면의 규칙적인 결과를 따라 나온다. 아주 원칙적이다. 몸이 피곤하면 아침에 일어날 때 힘든 것과 같은 느낌이다. 마음 안에 욕심이 작동될 때 반드시 내면의 균형이 깨지고 죄가 나온다.

기도하면서 찾을 때 느껴지는 게 있다. 갓피플에 설교 영상이 올라간 후 사람들의 반응을 살피고 있는 내 모습이다. 사람들이 얼마나 봤는지 조회수와 댓글을 살펴본다. 단순한 마음으로 그냥 한번 보는 건 마음에 문제가 생기지 않는다. 그러나 마음의 안정감이 하나님을 향하는 게 아니라 사람들의 인정을 향할 때 균형이 무너진다. 마음 안에 불이 켜지는 것 같다.

'아, 그렇구나. 내가 사람들의 인정에 마음을 빼앗겼구나.'

마음 안에 진실의 불이 켜지는 순간 모든 어두움의 움직임이 멈춘다. 기도를 통해 마음 안에 있는 욕심을 살피고, 그 욕심이 나를 어디로 끌고 가는지 살피니 마음이 다시 하나님 앞에 순종하는 자세로 돌아간다. 조금 신기하다. 눈에 보이지 않는 마음의 내용을 살펴서 새롭게 할 때 평강이 회복되고 죄에 대하여 올바른 태도를 취할 수 있다니….

욕심은 성령의 뜻을 거스른다 욕심은 성령의 인도하심을 놓치게 하고 성령의 뜻에 불순종하게 만든다.

> 성령을 따라 행하라 그리하면 육체의 욕심을 이루지 아니하리라 갈 5:16

자신의 욕심이 단순히 인간적인 욕구의 발로라고만 생각하면 속는다. 그것은 하나님의 뜻을 거스르고 대적하는 것이다. 우리는 기억해야 한다. 항상 하나님은 살아 계시고, 우리의 뜻을 아시고, 우리를 향해 하나님의 뜻을 가지고 계신다. 그것이 불편한 사람들은 하나님의 뜻이 세밀하다는 것을 부정하고 싶어 한다. 알 수 없다고 말하거나 굳이 알려고 할 필요가 없다고까지 말한다. 그 결과는 자신의 욕심대로 하는 것에 대해 어떤 부담도 느끼지 않게 된다.

하나님께 불순종할 수 있다는 것을 염두에 두어야 한다. 불순종한다는 것을 알았다면 그것이 일으키는 문제도 알아야 한다. 누구나 자신이 백퍼센트 하나님의 뜻 한가운데에 살았다고 말할 수 없다. 그래서 경건한 사람들은 겸손해진다. 자신이 하나님의 뜻에 불순종했다는 것을 느끼고 알기 때문이다.

그러나 경건하지 않은 사람들은 자신의 불순종에 대해 심각하게 받아들이지 않는다. 알아도 그것이 어떤 의미인지 인격적으로 깨닫지 못한다. 불순종이 하나님께 근심이 된다는 것을 잘 모른다. 얼마나 불순종이 많고, 그것이 나를 사랑하시는 하나님께 큰 근심이 되는지를 또한 순종하려고 애쓰는 사람들에게 하나님께서 얼마나 자세히 그리고 자주 그분의 뜻을 나타내시는지를.

경건한 사람은 자기 마음대로 결정하는 경우가 거의 없다. 늘 하나님의 뜻을 느끼기 때문이다. 말 한마디, 행동 하나도 조심스러워진다. 불순종에 대해 알아가기 때문이다. 불순종하는 사람의 삶에는 하나님의 뜻이 없다. 그게 얼마나 무서운지는 아는 사람만 안다.

죄는 하나님의 뜻에 대한 불순종이다. 죄를 끊고 싶다면서 마음대로 살고 불순종에 대해 깊은 경각심이 없다면 죄는 끊기 어렵다. 순종하려고 애쓰는 사람이 죄를 다스리지 못할 이유가 없다. 작은 것이라도 불순종하면 바로 죄에 대해 약해지고, 은혜가 사라지고, 하나님의 근심이 느껴지는 삶이 좋은 삶이다. 사랑도 근심도 없고 마음대로 하는 방종만 있다면 곧 멸망이다.

구체적인 죄가 아니어도 자신의 뜻을 따라 하나님의 뜻에 불순종한 모습을 살펴서 회개할 수 있고, 불순종에 대한 하나님의 뜻을 깊이 느낄 수 있다면, 우리는 하나님께 순종하려고 애쓰게 될 것이다. 사실 많은 영적인 침체의 원인이 불순종에서 온다. 그런 것인지도 모르고 삶이 무너진다. 불순종함으로써 생기는 문제들을 알고 돌이킬 수 있다면 구체적인 죄가 나오기 전에 삶을 온전하게 지킬 수 있다.

하나님께 순종하려고 애쓰고, 불순종하지 않으려고 조심하면 삶을 죄로부터 지킬 수 있다. 불순종에 대해 고민하고 회개하는 사람은 구체적인 죄로부터 멀리 떨어져 있는 사람이라고 할 수 있다.

시험에 들게 하는 욕심 마태복음 4장에서 원수는 '시험하는 자'라는 이름을 가지고 있다. 우리를 죄짓게 하는 시험하는 자가 있다는 것이 인생을 참으로 피곤하게 한다. 시험하는 자가 시험을 걸 수 있는 이유는 우리 욕심의 반응 때문이다. 그래서 욕심을 잘 다루면 시험이 있을 곳이 없게 된다.

오직 각 사람이 시험을 받는 것은 자기 욕심에 끌려 미혹됨이니 약 1:14

물이 없을 때 시험에 들어서 하나님께서 그들을 죽이려고 하신다며 원망하고 죄를 지었던 이스라엘 백성들을 교훈으로 삼아야 한다. 시험에서 나오려면 자신의 욕심을 인정해야 한다. 그때 눈에서 비늘이 벗겨지는 것처럼 마음이 새로워지고 정신을 차리게 된다.

아내를 미워하는 남편들이 있었다. 우연히 그들은 같은 소그룹으로 모이게 되었다. 처음에는 단지 그들끼리 통하는 게 많다고만 생각했다. 물론 나중에는 자신들 안에 사랑이 없음을 알게 되었고, 훈련하기 시작했다. 아내를 사랑하는 법과 그로써 시험에서 벗어나 죄를 짓지 않는 삶을 사는 것에 대해서.

아내가 자신이 원하는 스타일이 아니고, 자신도 아내를 만나기 전에 여러 번 교제를 했으면서 아내의 과거의 교제를 꼬투리로 잡아서 아내를 미워해도 된다고 생각하는 사람들이었다. 아내들은 자신이 먼저 남편을 사랑한 죄로 그리고 이전의 교제 때문에 결혼생활 내내 남편의 사랑을 받지 못하고 살았다. 남편들은 정직하지 않았다. 그들은 자신들의 욕심을 인정하지 않았다. 자기 여자로 만들려고 다른 사람과 헤어지게 만들었던 게 진실인데 결혼하고 나서 과거의 교제를 문제 삼았다. 자신의 마음을 숨기고 아내를 학대했다.

늦은 나이에 더 이상 만나 볼 여자들이 없을 때 옆에 있던 자매를 선택했음에도 무언가 자신이 더 희생해서 선택한 것처럼 아내를 학대했다. 아내를 사랑하지 않고 미워하는 시험에 든 것이다. 그들의 인생은 하나같이 힘들어졌다. 그리고 교회도 힘들어졌다. 나는 그들에게 거의 욕하듯이 말했다. 자신의 진실을 보라고.

"네가 아내를 만날 때 진실이 무엇이냐? 그리고 지금의 진실은 무엇이냐? 너는 지금 아내를 사랑하지 않고 학대하고 있는 거야."

다행히도 남편들은 정신을 차렸다. 많은 시간이 흐르고 고통의 시간이 지난 후에야…. 자신의 필요를 따라 결혼하고는 욕심이 채워지니 모두 잊어버리고 더 좋은 욕심을 채우지 못한 아쉬운 마음으로 아내를 사랑하지 않을 때 시험에 든다. 죄를 짓는다.

이집트에서 노예로 살 때는 이집트만 벗어나면 살 것 같았는데 광야에 나오니 다른 욕심이 생기는 것이다. 그리고 이집트에서 나오게 해주신 하나님의 뜻을 불편하게 생각하고 심지어 자신들을 죽이시려고 한다고까지 말하기를 서슴지 않는, 정말 부끄러운 모습이다.

욕심은 끝이 없다 욕심이 채워지지 않으면 금방 시험에 든다. 그러니 자신의 욕심을 잘 분별해서 시험에 들지 않아야 죄를 막을 수 있다. 자신이 불편해하고 어려워하는 상황이 욕심을 채우지 못해 생긴 것은 아닌지 살펴보고 조심해야 한다. 어느 순간에 시험하는 자가 가까이 오고, 나는 시험에 빠져 있을 수 있다. 정신을 차려야 한다.

아내를 사랑하지 않은 남편들이 모인 소그룹에 교제하던 자매를 사랑하지 않던 형제도 있었다. 자신이 살던 집에 와서 자매가 나중에 결혼하면 벽지를 바꾸고 싶다고 말하는 것을 듣고 그 자매와 헤어진 형제다. 결국 그 자매는 다른 형제와 교제를 했고, 그는 여전히 혼자다. 그때 나는 그들이 헤어지지 않도록 권면하는 데 몰두했다.

교인들은 목사의 말을 잘 듣지 않는다. 그는 자신에게 그 자매가 얼마나 과분한지를 모르고 있었다. 욕심 때문이다. 나는 오랫동안 그를 알았기에 그의 어이없는 욕심과 행동도 볼 수 있었다. 시험에 들면 자신을 잊어버린다. 이전의 노예의 삶을 잊어버리고, 물이 없다고 시험에 든 이스라엘 백성들처럼.

자매와 헤어지고 나서 그는 자신 안에 사랑이 없어서 조금만 부담스러우면 바로 시험에 들고 관계를 깨뜨린다는 것을 알게 되었다. 사랑이 없다. 조금만 부담스러워도 도망가고 싶은 욕심만 있다. 그는 지금 마흔이 되었다. 욕심을 다루고 사랑할 수 있다면 좋겠다. 행복한 가정을 이루어야 한다. 그의 부모가 헤어짐으로 고통받았던 지난 삶이 온전한 가정을 이루는 것으로 축복을 받으면 좋겠다. 자매가 문제가 있어서 헤어진 게 아니다. 자신 안에 있는 욕심이 시험을 부르고 사랑을 깨지게 만든 것이다. 욕심을 다루고 시험에 들지 않는다면 다시 사랑을 할 수 있으리라고 믿으며 기도하고 있다.

하나님 아버지의 마음

이해심 부모는 자녀를 이해하려고 한다. 심지어 자녀의 실수나 죄를 보았을 때도 자신의 문제로 받아들인다. 하나님 아버지께서도 사람의 죄를 하나님의 문제로 받아들이셨기 때문에 독생자 예수 그리스도를 보내신 게 아닌가 생각된다. 예수님께서 우리의 죄를 위해 십자가를 지신 것은 우리의 죄를 그분의 문제로 받아들이시고, 피를 흘려 우리가 받아야 할 고통을 대신 담당하신 결과이다.

예수님께서 대신 고통을 당해 가며 나를 이해하고 계시다는 것을 알아야 한다. 우리는 피 흘리심으로까지 하시는 이해를 받고 있다. 그러한 이해심을 받아들이는 모습은 무엇인가? 나를 이해하고 돕기를 원하시는 하나님의 마음을 헛되게 하지 않는 가장 좋은 모습이 어떤 것일까? 피 흘리시는 사랑을 헛되게 하지 않는 것은 다시는 피 흘리시게 하지 않겠다는 공허한 결심일까?

이미 피를 흘리심으로 나를 이해하시고자 하셨던 하나님의 사랑에 대한 받아들임이다. "나는 하나님 아버지를 피 흘리시는 고통 가운데에 있게 했던 사람"이라는 자각과 인정이다. 그런 나를 고통 가운데 이해하셨던 하나님 아버지의 마음을 향한 진실한 인정이다.

조건 없는 희생과 이해를 받아들이지 않고 아무 일이 없었다는 듯이 다른 이야기를 하면 우리를 향한 아버지의 희생도 인정되지 않고, 우리 자신도 받은 은혜를 모르는 사람이 된다. 은혜만 잊어버리는 게 아니라 모든 관계의 내용도 없어지게 된다. 아무 관계가 없는 사이가 되고 만다.

기대와 고통 하나님 아버지의 수고와 사랑을 느낄 때 비로소 우리는 죄에 대한 고통을 느끼고 죄를 짓지 말아야 한다는 각성을 할 수 있다. 하나님은 우리가 그분이 느끼시는 것처럼 죄에 대해 고통스러워하고 미워하기를 바라신다. 무엇보다 하나님의 자녀로서 하나님나라의 은혜와 가치 안에서 살기를 원하신다. 한마디로 자녀가 아버지를 닮아가기를 바라신다. 우리가 항상 하나님 아버지의 기대를 받고 있다는 것을 알아야 한다. 생명을 바쳐서 지원하고 돌보시는 사랑에는 우리가 잘살기를 바라시는 기대가 있다.

우리는 그런 하나님의 기대를 자주 저버린다. 기대가 채워지지 않을 때 고통이 몰려온다. 자녀를 위해 고통을 감수한 모든 수고가 물거품이 된다. 우리가 기대를 저버리는 행동과 마음을 나타냄으로써 하나님의 기대가 무너지는 데서 오는 고통을 그분이 겪으신다는 것을 알아야 한다. 본래 '죄'라는 용어 안에는 관계 안에서의 기대를 저버린다는 내용이 담겨 있다. 부모의 기대를 저버린 자녀가 부모를 향해 죄송한 느낌이 없다면 그것은 살아 있는 관계가 아니다.

관심의 집중 부모는 자녀의 삶에 관심이 집중되어 있다. 아무리 많은 사람이 있는 곳에서도 자기 자녀는 금방 눈에 띈다. 눈이 좋아서 그럴 수도 있지만 부모가 자식을 계속 찾고 있기 때문이다. 자녀의 행동과 모습을 보고 울고 웃고 걱정하고 즐거워하는 게 부모이다. 자녀가 왜 무언가를 열심히 하려고 하는가. 그것은 나를 향한 부모의 집중된 관심을 알기 때문이다.

부모의 관심 집중이 자녀를 올바른 길로 이끌어간다. 죄를 저지른 소년범들이 부모의 보호와 관심을 받으면 재범률이 현저히 떨어진다고 한다. 할머니가 떠나버려서 새로 부인을 맞으신 우리 할아버지는 아버지를 좋아하지 않으셨다고 한다. 심지어 새할머니는 아버지가 어렸을 때 콩을 짜게 졸여서 할머니 앞에서 무릎을 꿇고 먹게 하셨다고 한다. 또 할아버지와 새할머니는 아버지가 목수 일로 벌어 온 쌀을 계속 마당에 두셨다고 한다. 비가 와서 쌀이 젖어도 그냥 두셨다고 한다. 아들이 일을 해서 쌀을 받아 와서 부모에게 드려서 인정을 받고 싶었던 것인데 그것을 받아주시지 않으셨다고 한다. 아마도 그때 아버지의 삶에 깊은 좌절이 생기지 않으셨을까 싶다. 알코올의존과 노름, 가정 폭력은 어린 날에 겪었던 부모의 무관심과 방치 그리고 학대와 상관이 있었을 것이다.

고향에 갈 일이 있을 때 내가 다닌 초등학교에 들러 생활기록부를 다시 보게 되었다. 담당하시는 분이 공부를 잘했다고 하면서 지금은 무슨 일을 하느냐고 물었다. 목사라고 했더니 아무 말도 하지 않았다. 다른 것보다 눈에 띄는 부분이 있었다. '부모와 같이 살지 못하고 교육에 관심이 없음'이라는 내용을 보았다.

하나님 아버지의 관심을 느끼지 못했다면 나는 어떻게 살았을까? 내 형들이 범죄를 저지르고 감옥에 갔다고 해도 그리 놀라운 일이 아니었다. 아마 나도 그랬을 것이다.

나는 하나님 아버지의 사랑, 집중된 관심을 받고 있다는 것을 점점 알아갔다. 내 마음대로 내 삶을 결정할 수 없다는 것을 느끼기까지의 깊은 간섭, 심지어 사소한 것도 하나님이 원하시는 방법과 기한이 아니면 정확한 방법과 기간이 될 때까지 마냥 기다려야 한다는 사실을 배웠다. 그것은 귀찮은 간섭이 아니라 사랑과 관심이었다. 나를 하나님 닮은 자녀로 만드시기 위한….

내 어린 시절은 버려지고 매 맞는 삶이었다. 나는 집중된 관심이 필요했던 사람이었다. 하나님께서는 집중된 관심과 보호로 내 삶에 깊이 개입하시고 간섭하셨다. 내 마음대로 할 수 있는 게 없었다. 정말 감사하다. 지금도 나는 내 뜻대로 할 때가 있다. 그때마다 간섭을 느낀다. 그러나 과거와 달라진 것은 그 간섭을 감사하게 되었다는 것이다.

항상 하나님은 이타적인 사랑이시다. 반면에 항상 나는 이기적인 내 욕심이다. 나는 하나님의 사랑과 간섭이 필요한 사람이다. 때로 하나님의 간섭이 일을 더디게 만든다는 생각을 했지만 이내 알게 되었다. 내 욕심이 항상 빠르고 죄를 낳는 것을….

기대와 감사 하나님 아버지의 기대대로 잘살고 있지 못하다는 생각을 한다. 늘 내 실수가 하나님을 고통스럽게 해드리지 않나 하고…. 그래서 나는 "다시는 하나님을 실망시켜 드리지 않겠습니다"라는 말은 하지 못한다. 다만 "하나님의 사랑에 대해 제가 진실하겠습니다. 베푸셨던 관심과 사랑에 대해 평생 어떤 상황에서든 모른 체하지 않겠습니다"라고 말씀드리고 싶다.

경외함

죄에 대한 태도와 기준 하나님을 경외하는 삶은 죄에 대한 태도의 기준이 하나님께 있다는 것을 말한다. '얼마나 내게 도움이 되는가 혹은 얼마나 효과적인가'가 기준이 아니라 하나님께서 싫어하시는 죄에 대해 동일하게 싫어하기로 결정한다. 죄에 대한 하나님의 뜻을 존중하는 게 경외함이다.

> 이는 너희가 말하기를 하나님을 섬기는 것이 헛되니 만군의 여호와 앞에서 그 명령을 지키며 슬프게 행하는 것이 무엇이 유익하리요 지금 우리는 교만한 자가 복되다 하며 악을 행하는 자가 번성하며 하나님을 시험하는 자가 화를 면한다 하노라 함이라 말 3:14,15

사람들은 교만하며 악을 행하고 하나님을 시험하는 무시무시한 일을 하는 게 내게 도움이 되고 화를 면할 수 있다면 하나님의 명령을 지키며 사는 슬픈 삶보다 낫다고 생각한다. 사람들의 이런 생각을 하나님께서는 그분을 대적하는 것으로 이해하신다.

> 여호와가 이르노라 너희가 완악한 말로 나를 대적하고도 이르기를 우리가 무슨 말로 주를 대적하였나이까 하는도다 말 3:13

죄를 짓는 사람은 죄의 기준이 명확하지 않다. 죄를 지을 수밖에 없는 이유를 따라 '나는 어쩔 수 없었고, 그렇게 나쁜 사람이 아니고 싶다'라는 기준을 가지고 있다. 죄를 다스리고 싶다면 죄에 대한 기준을 하나님께서 정하시는 대로 받아들이는 것부터 시작해야 한다. 비록 죄를 지을 수 있지만 죄에 대한 기준을 내 마음대로 정하거나 바꿔서는 안 된다. 그러면 나는 편하겠지만 하나님의 기준을 받아들일 수 없게 된다.

죄에 대한 객관적이고 엄정한 기준은 재판장 되시는 하나님께 있다. 내가 죄가 아니라고 한다고 죄가 안 되는 게 아니다. 죄는 하나님께서 정하시고 심판하신다. 죄에 대한 기준과 판단이 하나님께 있다고 받아들이고, 그 기준에 적용받으려고 애쓰는 사람이 죄에 대한 올바른 태도를 취할 수 있다. 한마디로 죄에 대해 내 마음대로 할 수 없게 된다. 사람에게는 그것이 반드시 필요하다. 스스로 죄를 이기고 다룰 수 없기 때문이다. 객관적인 기준을 따른 간섭이 필요한 사람이다.

내 죄에 대해 하나님이 정하신 기준과 간섭을 받아들이기로 결정하고 순종하는 사람이 하나님을 경외하는 사람이다. 죄인지 아닌지 형식적으로 묻는 삶이 아니다. 하나님께서 싫어하시는 일에 대해 조심스러워지는 겸손한 삶이다.

두려울 게 없는 사람들의 위험성 죄를 짓는 사람들이 두려워하는 게 있다. 다른 사람들에게 알려지는 것이다. 그렇게 되면 나는 나쁜 사람이 된다. 그러면 수치스러운 삶을 살아야 한다. 그래서 끝까지 남이 알면 안 된다. 좋은 사람으로 보여야 한다.

문제는 그런 마음으로는 죄를 다스릴 수가 없다는 것이다. 좋은 사람으로 보이는 장치들만 행하고, 계속 죄를 짓게 된다. 예를 들어 좋은 소리만 골라서 하지만 사실은 뒤로 죄를 짓는다. 다른 사람들에게 좋게 보이는 것과 죄를 짓는 게 분리된 삶이다.

다른 사람들이 알까 무서워서 좋은 사람으로 보이고 싶은 마음으로는 죄를 이길 수 없다. 그런 이중적인 마음 자체가 죄인데 그 마음으로는 죄를 다스릴 수 없다. 남에게 보이려고 자신의 행동을 꾸밀 수 있는 사람은 다른 사람을 두려워하지 않는다. 자신이 좋게 보이지 않는 것을 두려워한다. 그러니 결정적인 순간에는 남이야 뭐라 하든 죄를 짓게 된다. 죄에 대한 두려움이 아니라 다른 사람에게 어떻게 보이는지, 즉 자신의 이미지나 명성에 손해가 올 것에 대한 두려움이기에 남에게 좋게 보여도 손해가 클 것 같으면 쉽게 죄를 짓게 된다. 결국 자신의 이익과 손해에 대해 두려워할 뿐 사람을 의식하지 않고 죄를 짓게 된다. 나중에는 사소한 이익과 손해에도 죄를 짓는 것을 마다하지 않게 된다. 지금 우리가 그런 세상에서 살고 있다.

두려움이 없는 사람은 무서운 사람이다. 자신의 이익과 손해를 따라 얼마든지 죄를 짓기 때문에 누구에게도 서슴지 않고 죄를 지을 것이다. 그래서 자신의 이익과 손해 외에는 두려움이 없는 사람을 조심해야 한다. 내게 당장 이익이 된다고 그런 이들과 함께해서는 안 된다. 그들은 이익과 손해가 엇갈릴 때는 반드시 나를 어렵게 만든다. 자신의 죄보다도 남이 어떻게 볼까를 더 신경 쓰는 사람을 주의 깊게 살펴야 한다. 그는 하나님을 경외하는 사람이 아니다.

하나님을 두려워하는 사람은 신뢰할 수 있다. 물론 사람은 다 연약해서 죄를 짓고 자신의 이해관계를 따라 말과 행동을 빠르게 달리할 수 있다. 그래도 하나님을 두려워하는 사람은 자기 마음대로 행하기 어렵다. 누군가가 하나님을 두려워하여 스스로 행동에 제약을 받는 삶을 산다면 그는 상당히 신뢰해도 좋은 사람이다. 그는 하나님이 두려워서 죄를 짓지 않게 되고 선한 일을 행하게 된다.

아무리 사람이 좋아도 스스로 죄를 완전하게 다스리고 착한 행실을 하기는 어렵다. 사람은 다 하나님의 시선을 두려워하기 때문에 함부로 죄를 짓지 않고, 선한 행실을 한다. 자발성이 없다는 뜻이 아니다. 인간의 한계와 하나님 앞에서 인간이 어떤 존재인지에 대한 실존을 파악한 것뿐이다. 하나님을 두려워함이 자신의 생각과 말, 그리고 행동에 많은 영향을 미치면 미칠수록 좋은 사람이다.

정말로 자신의 죄를 다스리고 싶다면 죄를 짓고 싶은 마음보다 하나님을 향한 두려움이 더욱 커져야만 가능하다. 우리는 다 하나님을 두려워하면서도 죄를 짓는다. 그러나 경외함이 커지면 마음대로 죄를 짓지 못하게 된다.

하나님을 경외하는 사람들 하나님께서는 그분을 존중하는 사람들, 경외함이 있는 사람들을 특별한 소유로 삼으시고 아껴주신다.

> 그때에 여호와를 경외하는 자들이 피차에 말하매 여호와께서 그것을 분명히 들으시고 여호와를 경외하는 자와 그 이름을 존중히 여기는 자를 위하여 여호와 앞에 있는 기념책에 기록하셨느니라 만군의 여호와가 이르노라 나는 내가 정한 날에 그들을 나의 특별한 소유로 삼을 것이요 또 사람이 자기를 섬기는 아들을 아낌같이 내가 그들을 아끼리니 말 3:16,17

말라기서 4장은 하나님을 경외하지 않고 죄에 대한 자신의 기준으로 자기 마음대로 사는 사람들을 "용광로의 불은 날이 이를 때

지푸라기 같다"라고 말씀하신다. 그러나 하나님을 경외하는 사람들에게는 축복을 약속하셨다.

> 내 이름을 경외하는 너희에게는 공의로운 해가 떠올라서 치료하는 광선을 비추리니 너희가 나가서 외양간에서 나온 송아지같이 뛰리라 또 너희가 악인을 밟을 것이니 그들이 내가 정한 날에 너희 발바닥 밑에 재와 같으리라 만군의 여호와의 말이니라 말 4:2,3

하나님께서 싫어하시는 게 있다는 것을 모르는 사람들이 있다. 그들은 아마도 성경을 자세히 읽지 않았거나 하나님을 알기 위해 읽지 않았을 것이다. 성경은 하나님께서 기뻐하시는 일과 싫어하시는 일에 대한 정확한 기록으로 가득 차 있다. 하나님께서 싫어하시는 일은 아주 많다. 잘 기억해서 그 일들을 피해야 한다.

> 여호와를 경외하는 것은 악을 미워하는 것이라 나는 교만과 거만과 악한 행실과 패역한 입을 미워하느니라 잠 8:13

하나님께서는 악을 미워하신다. 당연히 하나님을 경외하는 사람도 악을 미워해야 한다. 악한 게 내게 도움이 된다고 하여 기준을 바꾸면 경외함을 잃어버린다. 때로 우리가 연약하여 악을 행할 수 있으나 악에 대한 태도와 기준까지 바꿔서는 안 된다. 하나님께서 싫어하시는 것을 향한 기준을 받아들이는 것이 경외함이다. 그럴 때 우리는 또한 회복을 경험할 수 있다.

> 여호와는 자기를 경외하는 자들과 그의 인자하심을 바라는 자들을 기뻐하시는도다 시 147:11

하나님을 경외하는 예배

경외함을 잃어버린 사람들 엘리의 두 아들인 홉니와 비느하스는 하나님을 존중하지 않는 사람들이었다. 그들은 제사장 가문의 아들들이었으나 하나님께 드려야 할 제물을 먼저 먹었고, 하나님의 제사를 멸시했다. 하나님은 그들을 용서하지 않으셨다.

죄에 대한 선명한 하나님의 기준을 잃어버리고 자기 마음대로 사는 사람들은 가장 먼저 예배를 자기 마음대로 드린다. 조금이라도 경외함이 남아 있는 사람은 예배를 통해 하나님을 경외함이 회복되지만 경외함을 잃어버린 사람들은 자기 마음에서 나오는 대로 예배를 드린다. 예배는 하나님 앞에 나아가는 것이다. 하나님을 경외하는 삶을 사는지 그렇지 않은지는 그분 앞에 나아가는 예배를 통해 분명히 드러난다. 그러므로 경외함을 잃어버렸다면 가장 먼저 경외함이 없는 예배를 드리게 된다.

경외함 없는 예배의 특징 경외함을 잃어버린 예배의 특징은 예배를 드리는 사람들이 자신이 누구 앞에 나아가는지 모르는 것이다. 그것은 마치 우상 앞에 나아가는 것과 같다. 우상은 아무것도 아니고, 살아 있지도 않다. 그냥 나무나 돌일 뿐이다. 우상 앞에 나아가는 사람은 자신을 돌아보지 않는다. 그냥 자기가 원하는 복을 받기만을 바라는 마음으로 나아간다.

하나님은 살아 계시고 우리의 삶을 보고 계신다. 그런 하나님 앞에 예배드리러 나아가는 것이다. 완벽하게 살 수는 없어도 하나님 앞에 나아갈 때 자신의 삶을 돌아보는 게 당연하다. 구약시대에는 흠 없는 제물을 드렸다면 지금 우리가 드려야 할 제물은 무엇인가?

> 그러므로 형제들아 내가 하나님의 모든 자비하심으로 너희를 권하노니 너희 몸을 하나님이 기뻐하시는 거룩한 산 제물로 드리라 이는 너희가 드릴 영적 예배니라 너희는 이 세대를 본받지 말고 오직 마음을 새롭게 함으로 변화를 받아 하나님의 선하시고 기뻐하시고 온전하신 뜻이 무엇인지 분별하도록 하라 롬 12:1,2

성경은 마음을 새롭게 하여 하나님의 선하시고 기뻐하시고 온전하신 뜻을 분별하여 순종하며 사는 것을 '예배의 삶'이라고 말씀하시고 이를 명령하신다. 그래서 하나님 앞에 예배드릴 때 우리가 흠 없는 제물로 드려졌는지 살피고 나아가야 한다. 하나님께서는 잘못된 제물과 경외함이 없는 제사를 정말 싫어하신다.

> 만군의 여호와가 이르노라 너희가 눈먼 희생제물을 바치는 것이 어찌 악하지 아니하며 저는 것, 병든 것을 드리는 것이 어찌 악하지 아니하냐 이제 그것을 너희 총독에게 드려보라 그가 너를 기뻐하겠으며 너를 받아주겠느냐 말 1:8

> 만군의 여호와가 이르노라 너희가 내 제단 위에 헛되이 불사르지 못하게 하기 위하여 너희 중에 성전 문을 닫을 자가 있었으면 좋겠도다 내가 너희를 기뻐하지 아니하며 너희가 손으로 드리는 것을 받지도 아니하리라 말 1:10

하나님께서는 아주 구체적으로 말씀하신다. 잘못된 제물을 총독에게 가져다줘도 기뻐하지 않을 거라고. 이것은 정말 말을 알아듣지 못하는 사람들이 알아듣도록 엄위하신 하나님께서 얼마나 화가 나셨는지를 자세히 설명하시는 것이다. 우리가 깨달을 수 있도록 아주 구체적인 예를 들어 설명하신다.

하나님께서는 성전 문을 누군가 닫아주었으면 좋겠다고 말씀하신다. 정말 슬프다. 하나님께서 이처럼 싫어하시는 일을 아주 무신경하게 행하는 우리의 삶이 무섭고 슬프다. 우리는 누군가 싫어하는 일은 피하고 싶어 한다. 더군다나 가까운 사람들이 싫어하는 일을 행하면 내게도 고통이 된다. 그들의 고통을 나도 느끼기에 그런 행동을 하지 않게 된다. 하나님께서 싫어하시는 경외함이 없는 예배가 얼마나 그분께 고통이 되는 줄 안다면 다시는 그런 예배를 드리지 않을 것이다.

삶을 돌아보고 나아갈 것 예배를 드릴 때 하나님께서 싫어하시고 계신다는 느낌을 강하게 받을 때가 있다. 정말 참을 수 없다. 사실 나는 그런 때가 두렵다. 아마도 나는 실수하고 말 것이기 때문이다. 두 가지 실수가 걱정된다. 하나님께서 나를 싫어하시는 것인데 내가 아니라 예배드리는 사람들의 문제인 것처럼 거짓을 행할 수 있다. 또 예배드리는 사람들의 문제라고 할지라도 선선히 받아줄 리가 만무하다.

"지금 하나님께서 우리를 기뻐하시지 않는다"라는 말을 어떻게 한단 말인가! 이런 경우에 나는 도저히 참지 못하고 말을 해서 당황하는 사람들 앞에서 봉변을 겪은 적이 한두 번이 아니다. 은혜로 마음을 깨뜨린다고 해도 평강한 가운데 은혜로운 것보다 좋을 리가 없다. 사람들의 반응은 '그냥 특이한 사람이 와서 우리도 알고 있는 아픈 곳을 찔렀다'라고 여긴다.

가장 괴로운 것은 예배에 나오는 사람들에게 하나님께서 지금 나를 어떻게 보시는지에 대한 민감한 이해가 없는 것이다. 우리는 연약해서 때로 하나님께 근심이 될 수도 있다. 또 아주 가끔 하나님을 기쁘시게 해드릴 수도 있다. 그 모든 삶의 과정에 대한 이해가 필요하다. 내 삶은 하나님께 드려지고 있고, 나는 그런 삶을 기반으로 하나님 앞에 나아가고 있는 것이다.

내 삶을 보시고 예배를 받으시는 하나님 앞에 나아갈 때 우리도 하나님이 보시는 관점을 따라 살피고 나아갈 필요가 있다. 항상 잘 살 수는 없다. 그러나 하나님 앞에서 항상 진실할 수는 있다. 진실함으로 하나님을 의지할 때 우리는 그분의 자비하심을 따른 용서와 사랑을 입을 수 있다.

만들어 낼 수 없는 은혜 자신의 삶을 조금이라도 진실하게 돌아본다면 아무 생각 없이 내가 원하는 걸 이루겠다고 예배에 나아갈 수는 없다. 그저 위로와 은혜를 받고 싶다거나 내 문제가 해결되었으면 좋겠다는 식으로 나아갈 수는 없다. 자신의 삶을 돌아보지 않고 나아가기에 좋은 예배를 향한 기준이 내가 원하는 것을 얻었는가에 있다.

예배는 하나님께 드리는 것이다. 은혜는 우리의 예배를 받으신 하나님께서 기뻐하셔서 주시는 축복이다. 청소년 집회에 가서 "찬양은 하나님께 드리는 것이니 지금 하는 찬양을 하나님께서 들으신다고 생각하고 결단하는 마음으로 불러드리자"라고 하면 항상 은혜롭다. 하나님께서 찬양을 받으시고 은혜를 주신다는 생각이 든다. 그분 앞에서 결단하는 마음으로 부르는 회중의 찬양만큼 아름다운 건 없다.

많은 경우에 청소년들은 찬양을 잘하지 않으니 분위기가 가라앉는다고 생각하고 빠른 찬양을 이어서 부른다. 회중은 입을 다물고 있거나 찬양을 해도 자신의 소리를 들을 수 없다. 오직 강한 악기 소리만 들린다. 그것은 은혜가 아니다. 사람이 만들어 낸 분위기이다. 찬양으로 예배드릴 때 가장 신경을 써야 할 것은 찬양 인도자들의 실력이나 악기 소리가 아니다. 회중이 결단하고 하나님 앞에서 찬양을 불러드리고, 그분이 베푸시는 은혜 가운데 나아가야 한다. 회중이 결단하고 은혜 가운데 나아가게 하는 통로가 되어야 한다.

작은 소리든지 큰 소리든지 하나님 앞에서 스스로 결단한 회중들의 찬양 소리가 드려지고, 그것을 받으시는 하나님께서 은혜를 주실 때 우리는 조용히 숨어 있는 것이다. 우리는 스피커다. 소리의 통로일 뿐이다. 혹 은혜가 없다면 받아들여야 한다. 은혜가 없는데 사람이 만든 분위기로 은혜를 대체하고자 한다면 이미 회복할 수 없는 길로 들어섰는지도 모른다. 아주 위태롭다.

없는 은혜를 만들어 내면 은혜가 아닌 그 분위기는 도대체 무엇이며, 누가 그 예배를 받으며, 무엇을 위해 예배를 드리는 것인가! 예배는 하나님의 관심이 집중되어 있는 부분이다. 우리를 위한 예배가 첫 번째 우선순위가 아님을 알아야 한다.

은혜의 회복 예배를 드리고 나서 은혜를 받고 회복이 되었다면 경외함이 새롭게 된 것이다. 우리의 죄가 용서받은 게 은혜이고, 죄의 종에서 하나님의 자녀로 회복되는 게 진정한 회복이다.

내가 원하는 것을 이룰 수 있는 희망을 응답받거나 위로를 받는 것도 소중하다. 그러나 그게 우선이 아니다. 예배를 통해 은혜를 받았다면 죄에 대한 태도가 새로워져서 죄를 미워해야 한다. 죄를 즐기고 미워하지 않는 것에 대해 하나님께서 싫어하신다는 걸 깊이 깨닫고 조심스럽게 삶을 살아가야 한다.

제대로 은혜를 받았다면 자신의 삶을 보는 게 더욱 민감해지고, 하나님을 향해 죄송함과 감사함은 더욱 커진다. 예배 후에도 내가 어떤 은혜를 받았는지가 아니라 하나님께서 우리가 드린 예배를 어떻게 생각하시는지 살피는 게 우선이다.

거룩함의 방법

교회가 받는 도전 바울은 연소한 디모데가 교회를 잘 돌볼 수 있도록 디모데전서를 보냈다. 그래서 그 편지에는 교회가 겪을 수 있는 일과 교회의 지도자가 어떻게 대처를 해야 하는지에 대한 자세한 설명이 들어 있다.

> 내가 속히 네게 가기를 바라나 이것을 네게 쓰는 것은 만일 내가 지체하면 너로 하여금 하나님의 집에서 어떻게 행하여야 할지를 알게 하려 함이니 이 집은 살아 계신 하나님의 교회요 진리의 기둥과 터니라
>
> **딤전 3:14,15**

바울은 성령께서 후일에 어떤 사람들이 믿음에서 떠나 미혹하는 영과 귀신의 가르침을 따를 거라고 밝히 말씀하신 것을 디모데에게 말한다(딤전 4:1). 귀신의 가르침이라는 게 무엇인지를 알면 조금 기가 막히다.

> 혼인을 금하고 어떤 음식물은 먹지 말라고 할 터이나 음식물은 하나님이 지으신 바니 믿는 자들과 진리를 아는 자들이 감사함으로 받을 것이니라 **딤전 4:3**

혼인을 금하고 음식물 중 어떤 것은 먹지 말라는 것이다. 그래야 경건하고 거룩한 삶이 된다는 것이다. 악한 원수가 거룩함의 방법을 놓고 전쟁을 벌일 수 있다는 것을 알아야 한다. 그런 방면에 전쟁이 있다니…. 원수는 무조건 악하게만 사람을 괴롭히는 줄 알면 속는 것이다. 따라서 거룩함의 방법에 대한 세밀한 정리가 되어 있지 않다면 교회가 전쟁에 휘말릴 수 있다.

> 크도다 경건의 비밀이여, 그렇지 않다 하는 이 없도다 그는 육신으로 나타난 바 되시고 영으로 의롭다 하심을 받으시고 천사들에게 보이시고 만국에서 전파되시고 세상에서 믿은 바 되시고 영광 가운데서 올려지셨느니라 **딤전 3:16**

바울은 경건의 비밀이 오직 그리스도 예수께 있다는 것을 말씀한다. 바로 이어서 나오는 다음 구절은 '그러나'로 시작된다. 예수님을 믿음으로 경건하게 되는 것에 대해 그러나 성령께서 밝히 말씀하여주시기를 어떤 사람들이 혼인을 금하고 음식물을 먹지 않음으로 경건하게 된다고 주장한다는 것이다.

성경이 말씀하시는 거룩함의 방법 바울은 명확하게 말한다. 혼인을 금하거나 어떤 음식물을 먹지 않음으로 거룩해지는 게 아니라 말씀과 기도로 거룩해진다고.

> 하나님께서 지으신 모든 것이 선하매 감사함으로 받으면 버릴 것이 없나니 하나님의 말씀과 기도로 거룩하여짐이라 **딤전 4:4,5**

거룩함은 내가 무엇을 하고 안하고가 첫 번째 항목이 아니다. 그것은 예수님께서 주시는 것이기에 우리의 행위가 우선순위가 아니다. 내 행위로 쟁취하는 게 아니라 거룩하신 예수님께 받는 것이다. 그분이 십자가를 지심으로 그분을 믿는 우리를 죄에서 용서하시고 거룩하게 하신다. 말씀을 통해 예수님께서 어떻게 우리를 거룩하게 하셨는지를 믿고, 기도를 통해 진실한 고백을 할 때 우리는 거룩함을 입을 수 있다.

외식과 거짓말 바울은 귀신의 가르침을 따르면서 거룩함에 대해 잘못된 방법으로 믿음에서 떠난 사람들의 특징을 설명한다.

자기 양심이 화인을 맞아서 외식함으로 거짓말하는 자들이라 **딤전 4:2**

교회 안에서 외식이 나오고 거짓말을 할 정도가 되었다면 원수의 공격에 노출되어 양심이 마비된 게 아닌지 살펴봐야 한다. 하나님 앞에서 양심이 깨어 있다면 외식과 거짓말이 나오지 않는다. 외식은 자신을 좋게 보이려고 거룩한 척하는 것이다. 하나님 앞에서 진실한 회개를 통해 거룩함을 입는 게 아니라 자신을 옳게 보이려고 거룩한 척한다. 대표적인 게 바리새인들의 외식이다. 그들은 죄를 많이 짓고도 사람들에게 좋게 보이려고 거룩한 척을 했다. 하나님과 진실된 관계가 없고, 사람을 의식하면서 종교 행위를 한다.

외식은 하나님과의 진실된 관계를 끊어버리고, 자신의 죄에 대해 진실하지 못하게 하며, 거룩함을 입을 수 없게 만든다. 더 큰 문제는 한 사람이라도 교회에서 외식하기 시작하면 전체가 강한 영향을 받는다는 것이다. 외식하는 자들은 하나님과 살아 있는 관계를 맺지 않기 때문에 눈에 보이는 어떤 행동을 중요하게 말하고, 모두에게 자신을 따르도록 주도권을 가지려고 한다. 각자 자신의 죄를 회개하고 예수님께 용서를 받고 은혜를 받은, 용서받은 죄인임을 인정하고 서로 거룩함으로 나아가도록 격려하는 교회 공동체의 본연의 모습이 사라진다.

자신의 죄를 다루지 않고 눈에 보이는 어떤 행동에 대해 서로 이야기하기를 좋아하며 누가 더 옳은지 경쟁하듯이 교회 안에서 주도권을 가지려고 하는 게 외식의 병폐이다. 당연히 자신의 죄에 대해 진실하지 않기 때문에 거짓말을 하게 된다. 교회는 모두가 다 죄인임을 인정하고, 예수님께 용서를 받기 위해 모이는 곳이다. 그런데 눈에 보이는 어떤 행동들을 통해 자신이 거룩하다고 하니 눈에 보이지 않는 많은 죄와 남들이 알지 못하는 많은 문제들에 대해 진실을 감추고 죄가 없다고 한다.

외식하는 곳에는 진실이 없다. 자신의 죄에 대한 진실한 태도와 고백이 없다. 외식과 거짓말을 깨는 것은 소박한 진실이다. 우리 모두는 죄인이고 예수님의 용서를 받아야만 한다는 것에 대한 진실한 동의이다.

말씀과 기도

말씀은 살아 있다 말씀을 읽을 때 우리의 마음은 말씀에 의해 깊은 영향을 받는다. 내 마음은 내 유익을 위해 한없이 흘러간다. 그러나 말씀을 읽기 시작하면 하나님의 뜻이 내 마음을 주장하기 시작한다. 내 마음이 하나님의 말씀을 따라 순종하기 시작할 때 욕심을 다스릴 수 있다. 욕심은 죄를 낳는다. 욕심은 내 마음대로 하고자 하는 욕구이다. 내 마음대로 하면 죄가 나온다. 그러나 말씀은 하나님의 뜻이다. 하나님의 뜻대로 순종할 때 우리는 죄를 다스릴 수 있게 된다.

어떤 사람은 자신의 죄가 괴롭다고 한다. 죄를 다스리고 싶다고 한다. 그렇다면 말씀을 읽고 순종하는 연습을 오랫동안 해야만 한다. 말씀은 항상 객관적으로 내 마음과 상관없이 나를 가르치신다. 말씀을 읽고 순종하는 게 몸에 배지 않는다면 죄를 다스리기는 어렵다.

> 청년이 무엇으로 그의 행실을 깨끗하게 하리이까 주의 말씀만 지킬 따름이니이다 시 119:9

> 그러므로 모든 더러운 것과 넘치는 악을 내버리고 너희 영혼을 능히 구원할 바 마음에 심어진 말씀을 온유함으로 받으라 너희는 말씀을 행하는 자가 되고 듣기만 하여 자신을 속이는 자가 되지 말라
> 약 1:21,22

자신의 욕구가 자신인 줄 알고 욕구를 이루지 못하면 인생이 실패한 줄 아는 청년에게 깨끗한 행실과 죄를 다스리는 삶이 어떻게 가능한가? 말씀을 읽고 하나님의 뜻에 순종해야 한다. 말씀은 살아 있고 운동력이 있다고 성경은 말씀하신다. 하나님의 뜻과 말씀이 우리의 마음을 주장하시고 다스리시기 시작할 때 우리는 깨끗한 행실로 나아갈 수 있다.

거룩해지고 싶다면 말씀을 읽고 순종하는 법을 배워야만 한다. 말씀을 읽지 않고 순종하는 법을 모르는 사람들에게 말씀은 살아 있는 게 아니다. 물론 그들의 삶도 마찬가지다.

하나님의 뜻과 말씀에 순종하기 시작할 때 우리는 살아 계신 그분의 다스리심 안에 들어가게 된다. 욕심은 죄를 낳지만 순종은 우리의 삶을 깨끗하게 해준다. 순종하는 법을 배우지 못한 사람은 자신의 죄가 얼마나 강한지 생각하겠지만 말씀을 읽고 순종하는 법을 배워가는 사람은 하나님의 뜻이 얼마나 세밀하고 강력한지 그리고 자신의 삶이 얼마나 달라져가는지를 알게 된다.

말씀을 통해 우리는 하나님의 다스리심, 즉 그분의 주권 아래에 있게 된다. 비로소 사람다운 삶을 살게 된다.

곧 여호와의 말씀이 응할 때까지라 그의 말씀이 그를 단련하였도다
시 105:19

말씀 앞에 머무는 삶 교회의 한 형제가 동물병원을 개원했는데 손님이 오지를 않았다. 병원이 잘되지 않을 것 같다고 말했다. 나는 그에게 자주 전화를 해서 신명기 말씀을 읽도록 권면했다. 신명기에는 하나님만을 사랑하고 순종할 때 그분이 주시는 축복의 약속들로 가득하다.

너는 마음을 다하고 뜻을 다하고 힘을 다하여 네 하나님 여호와를 사랑하라 오늘 내가 네게 명하는 이 말씀을 너는 마음에 새기고 신 6:5,6

또 네 집 문설주와 바깥 문에 기록할지니라 네 하나님 여호와께서 네 조상 아브라함과 이삭과 야곱을 향하여 네게 주리라 맹세하신 땅으로 너를 들어가게 하시고 네가 건축하지 아니한 크고 아름다운 성읍을 얻게 하시며 신 6:9,10

병원에 손님이 없으면 두렵고 낙담이 되어 죄를 지을 수 있다. 사람의 마음이 두려움에 붙잡히기 시작하면 죄가 나오게 된다. 그럼에도 하나님께서는 은혜를 주시고 돌이키게 하신다. 그러나 죄에 시달리고 삶이 무너진 고통은 고스란히 자신의 몫이다.

그 형제는 절실하게 말씀을 읽었고, 병원은 매월 매출이 늘어나 지금은 어느 정도 안정이 되었다. 그것보다 더 중요한 것은 그가 말씀의 살아 있는 위력을 경험하고, 말씀 앞에 머무는 시간이 늘고, 말씀을 대하는 태도가 달라지고, 묵상을 자주 하게 된 것이다. 일이 생길 때마다 말씀 앞에 머무는 삶이 된 것도 놀랍다.

그는 아내와 이혼해도 된다고 우겼던 사람이다. 말씀에 그렇게 되어 있지 않다고 말해도 하나님은 자기편이라고 우겼던 사람이다. 어느 순간에 말씀을 읽고 자신이 틀렸음을 인정하기 시작했다. 삶이 정말 좋아지기 시작한 것도 그때인 듯하다. 말씀은 순종하는 사람들에게 강력하게 살아 있다.

말씀을 읽으면서 위로를 받고, 하나님의 약속을 받고, 믿음으로 소망하기 시작한다면 죄에 대한 욕구를 다스릴 수 있을 뿐 아니라 삶이 청결해지고 부요해진다. 마음에서 삶은 나온다. 두려움과 죄를 짓는 마음은 삶을 두려움과 죄로 이끌어간다. 그러나 말씀을 통해 하나님의 뜻과 약속을 믿기 시작할 때 마음은 소망으로 가득 차게 된다.

사람이 죄를 짓는 것은 마음에 소망이 없을 때이다. 말씀은 우리가 처한 삶의 현실에 대해 소망을 주신다. 하나님의 뜻을 알게 하시고, 약속을 알게 하시고, 믿게 해주신다. 마음은 약속에 대한 소망으로 새롭게 된다.

가장 중요한 기도의 내용 신림동에 있는 한 교회에 설교하러 갔다. 나중에 연락이 왔다. 왜 설교할 때 손이 자꾸만 얼굴로 올라가느냐는 것이다. 나도 잘 모른다. 무의식중에 손이 올라가는 걸 깊이 생각해보지 않았다. 왜 손이 올라갈까? 두 가지가 떠올랐다. 먼저 설교가 잘 되지 않을 때 당황해서 올라가는 듯하다. 은혜롭고 사람들의 반응도 따뜻하면 손이 거의 올라가지 않는다. 그러나 사람들의 반응이 시큰둥하고 설교가 잘 안 되면 손이 자주 올라간다.

그런데 그보다 더 중요하게 생각되는 이유는 혼자 있을 때 기도하는 내용이다. 대부분의 기도 시간은 조금 부끄러운 시간이다. 예수님 닮지 않고 하나님께서 근심하실 마음과 삶의 내용들이 아주 많이 떠오른다. 나는 하나님 앞에서 매우 자주 부끄럽고 죄송하다고 말씀을 드린다. 그럴 때마다 하나님께서 주시는 위로를 경험한다. 심리적으로 하나님 앞에서 손으로 얼굴을 덮는 것이다.

그러나 하나님께서는 한 번도 나를 내치신 적이 없다. 항상 받아주시고, 내 입장을 이해해주시고, 위로해주신다. 그래서 기도 시간이 늘 행복하다. 조건 없이 나를 용납해주시고 받아주시는 하나님 앞에서 내 모든 모습을 보여드리고 용서를 구하니까…. 또 두려워서 믿음이 잘 생기지 않는 문제들에 대해 항상 정직하게 말씀드릴 수 있다. 기도를 하기 시작하면 마음이 훈훈해지고 무언가 따뜻한 보호 안으로 들어가는 느낌을 받는다.

물론 며칠씩 아무런 느낌도 없이 마음이 괴롭고 시달릴 때도 자주 있다. 그러나 그런 시간에도 하나님을 향한 내 마음은 변하지 않는다. 마른 땅이 물을 기다리듯이 하나님의 은혜의 임하심을 기다린다. 며칠간 진행되었던 시달림이 물러가고 다시 은혜와 보호가 임하면 물을 만난 고기처럼 나는 행복하고 자유롭다. 항상 용서를 받고 위로를 받을 수 있다. 기도 시간에 그렇게 하나님 앞에 나아가는 게 내게는 정말 소중하다.

진실한 고백의 기도 하나님 앞에서 기도할 때 주로 무엇을 기도하는지 점검하고 새롭게 할 필요가 있다. 많은 상황에서 우리는 주로 우리가 필요한 것을 구하는 기도를 할 수 있다. 비효율적이다. 이런 기도는 은혜가 없을 가망이 높다. 무언가 받아내겠다는 태도라면 자연스럽고 따뜻한 기도 시간이 되기 어렵다. 모든 필요는 친밀한 관계의 내용에서 채워진다.

하나님을 사랑하는 마음으로 기도가 나아가야 한다. 그런 마음으로 자신의 삶을 돌아보고 고백해야 한다. 베풀어주신 사랑에 비해 내가 얼마나 잘못 살고 있는지 진지하게 고백하면 은혜가 다시 회복된다. 하나님께서 나를 용서해주시고, 나는 다시 그분의 은혜 안으로 들어가게 된다. 기도하는데 은혜가 전과 같지 않다면 삶을 돌아보고, 하나님의 뜻에서 벗어난 것을 고백하고 새롭게 해야 한다. 오직 순종할 때 우리는 은혜를 계속 누릴 수 있다.

무언가 잘못했다는 느낌이 있는데도 어리광을 부리듯이 계속 진실한 기도를 미루고 자신이 원하는 것에 집중하면 어느 순간에 은혜가 없어지고 삶이 다시 자기 마음대로 살았던 시간으로 돌아간 것을 보게 될 것이다. 하나님께서 나를 어떻게 보시는지, 은혜가 계속 부어지는지에 대해 민감해야 한다. 하나님께서 나를 싫어하신다면 은혜가 전과 같지 않고 마음이 황폐해지기 시작한다. 은혜가 없는데도 자신을 돌아보지 않으면 나중에는 하나님과 아주 멀어진 삶을 살게 된다. 그러면서 여전히 하나님은 나를 사랑하신다고 말한다.

물론 하나님은 우리를 사랑하신다. 다만 삶에 은혜가 없고, 죄가 다시 반복되고, 내 욕구만 있게 된다. 자신의 삶과 하나님과의 살아 있는 관계에 대해 항상 진실해야 한다. 문제가 있다면 다시 용서받기 위해 가난한 마음으로 나아가면 된다. 하나님은 항상 우리의 진실에 대해 따뜻한 은혜와 용서를 베푸신다. 다만 우리가 진실하게 나아가지 않는 게 문제다.

죄를 잘 다스리지도 못하고, 은혜가 전과 같지 않다면 기도의 내용을 점검하고, 다시 진실한 고백의 기도로 새롭게 해야 한다. 진실한 기도는 진실한 관계를 맺게 하고 진실한 용서를 받게 한다.

참 좋은 내 인생

성령의 인도함을 받는 인생

chapter 2

성령의 인도함 받는 삶

자신의 인생에 대한 근본적인 생각을 놓침으로써 성령의 인도함을 놓치고 신앙의 내용이 흐트러지게 된다. 내 인생의 주인이 누구이시며, 나는 누구를 위해 살아야 하는가에 대한 관점이 정립되어야 한다. 그것이 성령의 인도함 받는 삶, 예수님을 증거하는 제자의 삶을 위한 출발이다.

인도함 받는
삶의 출발

인생의 그림 성령의 인도함을 놓치는 건 결국 성령의 뜻보다 자신의 욕심이 앞서는 경우이다. 어느 순간 자신의 욕심이 앞서고 그에 따라 행함으로써 인도함을 놓치는 경우가 종종 있다. 먼저 살필 것은 근본적인 욕심에 관한 것이다.

보통 그런 욕심은 자신의 인생을 어떻게 살 것인가 하는 것과 관련이 있다. 땅값이 비싼 곳에 좋은 집을 사서 가족들과 마음껏 쇼핑하고 여행 다니며 살고 싶어 하거나, 아버지가 가정의 경제를 책임지지 않아 어머니가 식당에서 일하는데도 자신은 학위를 위해 유학 가고 싶어 하고, 직장에서의 월급이 적다고 불평하는 삶이다.

성령께서 주신 삶의 내용이 아니라 자신이 살고 싶은 삶의 그림이 현실이 되지 않으니 욕심으로 그치고 인도함 받는 삶을 놓치게 된다. 그 후유증은 만만치 않다. 그런 삶을 살지 못할 때 자신의 인생은 실패한 것 같고, 다른 모든 것들은 의미가 없는 것처럼 생각된다. 대학부 간사를 할 때 제일 훈련이 되지 않은 이들은 자신이 원하는 학교나 원하는 전공이 아닌데 점수 때문에 어쩔 수 없이 왔다고 생각하는 학생들이었다. 자신이 원하는 대학생활과 직업적 전망이 주어지지 않을 때 대학생활에 소망이 없게 된다.

인도함 없는 인생의 그림 좋은 집에서 살고 쇼핑하며 여행 다니는 삶을 꿈꾸며 결혼했지만 원했던 그림이 나오지 않는다. 남편은 수입이 많은 직업을 가졌지만 아내를 무시한다. 아내의 말을 듣지 않고 함부로 대한다. 무슨 말을 해도 남편은 기본적으로 아내의 말을 무시하고 듣지 않는다. 아내는 비참함을 느낀다. 이혼을 생각한다. 인생이 불행하다.

석사 학위를 받았지만 장래가 불투명하다. 어머니가 식당에 나가서 일하시는데도 자신은 공부만 하고 있다. 대학원은 학부보다 조금 좋은 곳에 갔지만 길은 열리지 않는다. 유학을 가야겠다고 생각하지만 다녀온다고 딱히 길이 열리는 것도 아니다. 그저 현실의 삶이 내 성에 차지 않을 뿐이다.

성령의 인도함을 받지 못하는 삶은 자신이 그린 인생의 그림을 추구하지만 늘 능력과 관계의 한계, 도달할 수 없는 허무함 등을 가져다준다. 그리고 현실에 대해 충실하지 못하게 만든다. 결국은 죄로 간다. 욕심을 이루면 이룬 대로 죄를 짓지만 욕심을 이루지 못해도 죄를 짓는다. 현실을 부정하면서 자신을 스스로 위로할 수 있는 죄를 짓게 된다.

경제력 있는 남편을 만나 누리며 즐기는 삶에는 훈련이 없다. 학부는 좋은 곳에 가지 못했어도 조금 더 좋은 대학원에 가고 유학까지 가 원하는 삶을 살겠다는 것에도 마찬가지다.

아브라함과 이삭, 야곱의 삶에는 훈련이 있다. 요셉, 다니엘, 다윗의 삶에는 그들의 평생에 만나고 알아가는 하나님의 성품과 능력 안에서 만져지는 훈련이 있다. 아브라함은 믿음의 사람이 되기 위한 훈련을 받았다. 야곱은 자기 이익을 실현하기 위해 정의롭지 못한 방법도 서슴지 않는 사람이었지만 점점 야곱에서 이스라엘로 변해가는 훈련을 받았다. 요셉에게도 야망의 사람에서 비전의 사람이 되어가는 훈련이 있었다.

신앙의 훈련 없이 주어지는 것은 없다. 인생의 가장 중요한 것들은 하나님께서 훈련의 결과로 주신다. 아브라함이 받은 이삭은 평생토록 받은 믿음의 연단, 훈련의 결과가 아닌가! 우리의 욕심에는 훈련이 없다. 훈련을 싫어하고 귀찮아한다. 훈련이 없으니 당연히 인격의 성장이 없다. 요셉이 형들이 죽일 만큼 미워했던 그때 인격을 계속 유지했다면 이집트의 총리로서 나라를 다스리는 사람이 되기는 어려웠을 것이다. 그의 형들과 요셉이 다른 점이 무엇인가? 형들은 여전히 과거의 인격대로 살았지만 요셉은 엄청난 훈련을 통해 전혀 다른 사람이 되었다. 이집트의 총리가 된 것은 그런 일을 감당할 수 있는 사람으로 인격이 성장했기 때문에 가능했다.

욕심을 이루는 곳에는 인격의 변화가 없다. 훈련은 싫고 욕심만을 이루길 원한다. 인격의 성장은 싫고 욕심은 이루고 싶다. 그러자면 성령의 인도함을 놓칠 수밖에 없다. 성령께서는 우리를 예수님 닮은 사람으로 이끌어가시는데 우리는 내 욕심을 이루고 싶으니까 동행할 수 없게 된다.

예수님을 닮아가는 인격의 성장이 없으니 당연히 그분을 증거하는 삶도 없다. 예수님은 말이 아닌 행실로 증거한다고 베드로전서는 말씀하신다(벧전 3:1). 남편에게 순종하는 행실을 통해 남편을 구원받게 하라고 성경은 말씀하신다. 남편을 자신이 그린 그림을 이루는 대상으로 알고 결혼했는데 그에게서 그 그림이 안 나오면 순종할 수 없게 된다. 남편을 원망한다. 이유는 아주 간단하다. "왜 내가 원하는 그림을 이루어주지 않느냐"라는 것이다.

여자들에게는 자신의 꿈을 이루고 싶은 가정에 대한 그림이 있고, 그중에 가장 중요한 부분이 남편에 대한 그림이다. 그런데 그가 아내의 욕심에 봉사하지 않고, 자신의 욕심을 이루기 위해 가정과 아내를 이용한다면 여자들은 견딜 수 없게 된다. 가정 안에 서로의 욕심만 있을 뿐이다. 예수님의 성품과 능력이 증거되지 않는다. 누구도 성령의 인도하심을 따라 살지 않기 때문이다. 자신이 원하는 것을 이루었어도 예수님을 증거하지 않는 삶이라면 그게 무슨 소용인가! 돈이 많아서 쇼핑도 하고 여행도 마음껏 다니는데 가족들이 예수님과 상관없이 살고 있다면…. 정말 우리가 원하는 가정이 그런 곳인가? 그것은 예수님께서 우리에게 주시고 싶은 가정과 삶은 결코 아닐 것이다.

욕심이 꼬인 상태, 인도함을 놓친 상태 남편에게 실망하고 가정의 삶이 행복하지 못해 이혼하고 싶다는 것만큼 성령의 인도함을 놓친 삶은 없다. 자신이 원하는 학위를 계속하고 유학도 가고 싶은데 어정쩡한 직장에서 월급도 적고, 사람들도 인정해주지 않고, 미래가 불안할 때처럼 성령의 인도함을 놓치기 쉬운 때도 없다.

성령의 인도함을 놓치는 것은 자신 안에 있는 근본적인 욕심 때문이다. 자신의 인생을 향해 자신이 원하는 그림이 분명한데 그렇게 되지 않을 때 인도함을 놓친다. 그것이 왜 문제냐고 묻는 사람이 있다면 신앙을 점검해보아야 한다. 도대체 예수님을 믿는 사람들에게 인생의 주인이 누구이신가? 내 인생은 어디에서 시작되었는가? 내가 내 인생을 향해 안타까워하고 실망하는 것은 내 욕심을 이루지 못해서인가, 아니면 예수님의 뜻을 실현하지 못해서인가?

대답은 간단하다. 예수님의 십자가 희생 때문에 내 삶은 시작되었다. 그렇게 시작된 삶은 내 욕심을 이루기 위해 주어진 게 아니다. 이미 내 삶의 주인은 예수님이시다. 그러므로 내 인생은 내 욕심을 이루는 삶이 되어서는 안 되고, 그분의 뜻을 이루는 삶이 되어야 한다.

자신의 인생에 대한 근본적인 생각을 놓침으로써 성령의 인도함을 놓치고 신앙의 내용이 흐트러지게 된다. 예수님을 믿기는 하는데 내 욕심도 이루기를 원한다. 욕심을 이루지 못했을 때 원망하는 마음의 상태로 예수님 앞에 나오는 것보다 더 나쁜 상태는 없다.

내 인생의 주인이 누구이시며, 나는 누구를 위해 살아야 하는가에 대한 관점이 정립되어야 한다. 그것이 성령의 인도함 받는 삶, 예수님을 증거하는 제자의 삶을 위한 출발이다.

내면의 훈련

내면의 반응이 문제이다 남편과의 관계가 어려워서 아내가 원하는 인생의 그림이 나오지 않을 때, 같이 살기 힘들다는 생각이 들 때의 문제는 무엇인가? 전망 없는 공부를 계속하면서 인생의 비전과 방향이 흔들릴 때의 문제는 무엇인가?

내게 발생한 상황이 문제인 줄 안다면 할 수 있는 게 아무것도 없다. 욕구를 따라 가정에서 자기 마음대로 하는 남편을 바꿀 수는 없다. 원망스러운 상황을 바꾸기 전에 내 마음과 삶이 먼저 무너진다. 당연히 가정도 힘들어진다. 마음껏 내가 원하는 유학을 가거나 내가 원하는 직장을 고를 수 없다. 장래에 대한 절망이 현실에 대한 불성실함과 불평을 늘어놓게 만든다.

성령의 인도함을 받는 삶은 상황을 문제로 보는 게 아니라 상황에 반응하는 내면의 반응을 문제로 인식한다. 마음대로 바뀌지 않는 현실에 대해 원망하다가 삶도 잃고 믿음도 잃어버리는 게 신앙이 아니다. 오직 내가 원하는 현실에 대해서만 이야기하는 것도 아니다. 내게 발생한 상황보다 하나님을 향한 신뢰를 우선시하는 게 신앙이다. 발생한 상황의 원인이나 결과는 잘 모르지만 그때 그분을 의지하는 법과 상황을 다루는 법을 배우는 것이다. 상황에 마음을 빼앗겨서 믿음을 잃어버리게 만드는 내면의 반응을 살펴서 강건하게 만드는 것이다.

훈련 상황 내면을 흔들어서 믿음을 잃어버리게 만드는 상황이 발생하면 그것이 훈련이라는 것을 바로 알아야 한다. 삶의 상황은 우연인 것처럼 일어난다. 우리를 어렵게 하는 일들이 왜 발생하는지 잘 알지 못한다. 단지 그 어려운 상황이 지금 내 신앙의 문제, 믿음의 문제가 되고 있다는 것을 깨닫고 훈련으로 받아들여야 한다.

그렇지 않으면 크게 당황스러운 일이 발생한다. 그리고 그 문제가 점점 내 믿음을 약화시켜 성령의 인도함을 놓치게 하고, 결국 죄를 짓게 만들어서 삶도 헝클어지고 믿음도 연약해지게 한다. 그런 상태가 인도함을 놓치고 죄를 짓는 상태이다. 신앙생활을 하면서 누구나 겪었을 것이다. 내 믿음이 연약해지고 영적인 컨디션이 무너지도록 하는 상황이 발생했을 때 즉각 알아차려야 한다.

'아, 이것은 훈련 상황이구나.'

이성 교제, 진로, 가정의 문제 등 믿음으로 아직 완전히 다스리지 못하는 내 삶의 어떤 영역에서 문제가 발생한다. 아직 믿음이 온전히 서지 못한 삶의 영역에서 온전한 믿음으로 강건해지도록 훈련이 일어난다. 어려운 상황이 발생해도 인도함을 놓치지 않고 끝까지 하나님과 동행하면서 믿음의 승리를 경험하는 게 훈련의 목적이다.

불시에 찾아오는 훈련 훈련은 내가 예상한 때에 찾아오지 않는다. 삶의 어려움이 내 예상 안에서 움직이지 않듯이 나를 어려움에 집어넣어 훈련하게 만드는 상황도 내가 원치 않고 준비되지 않은 때에 찾아온다. 늘 불안해하지만 삶에 아무런 문제가 일어나지 않기를 바라면서 훈련하지 않는 사람들은 게으르다. 준비하지 않으면 자신의 욕심을 따라 사고도 치지만, 갑자기 훈련이 찾아올 때 내 욕심대로 반응하여 맞이하게 된다.

나를 어렵게 한 상황 그대로 어려워하면서 평소 성품대로 반응한다. 항상 불시에 찾아와서 내 삶과 마음을 흔들어 만져지지 않은 내 욕심을 찾아내는 훈련이 반갑지 않다. 갑자기 훈련이 찾아올 때 정신없는 상황에 마음을 빼앗겨서 마음과 상황이 흘러가는 대로 방치하면 아주 오랫동안 슬럼프를 겪어야 한다.

은혜가 없는 사망 같은 삶이 기다리고 있다. 더 이상 죽지 못해 살 때까지 삶이 흘러가도록 방치하는 건 정말 힘든 일이다. 어두운 곳에서 갑자기 날아오는 주먹 같은 훈련을 피하지 말아야 한다. 남에게 전가轉嫁하지도 말아야 한다.

공산당은 주일 새벽에 쳐들어왔다. 우리가 쉬고 안식할 때 쳐들어왔다. 사람이 가장 안정감을 누리고 싶을 때 적들은 공격한다. 갑작스러운 훈련이 발생했을 때 당황하지 않고 잘 받아들여 통과한다면 더 큰 평강의 삶이 기다린다. 갑작스럽게 발생된 훈련이나 공격이 오히려 적들도 내 삶을 어떻게 할 수 없는 단단한 삶이 되게 한다. 믿음이 강건하여 문제를 다스리는 승리의 삶이 된다. 그래서 훈련 없는 안락한 삶을 꿈꾸다가 불시에 훈련이 찾아오면 짜증내고 훈련되지 않은 반응을 보이는 것은 계속 시달리는 삶을 살겠다는 뜻이다.

훈련에 대한 태도 훈련이 발생했을 때 불평하면서 회피하면 더 어려운 상황에서 훈련을 해야 할 수도 있다. 우리를 향한 공격은 사망에 이를 때까지 지속되는 경향이 있다. 무엇보다 내면에 대한 훈련 없이 제자로 성장하는 사람은 없다. 가만히 앉아서 제자가 되는 사람은 없다. 그렇게 예수님을 따르는 사람은 적어도 성경에는 없다.

훈련은 누군가 나를 함정에 빠뜨린 게 아니라 내가 원하는 삶을 살지 못하도록 하는 내면의 문제이다. 그것은 내 문제이다. 내가 온전한 내면의 소유자라면 모든 상황에서 온전한 반응을 했을 것이다. 그랬다면 삶은 항상 평안했을 것이다. 그러나 우리는 원치 않는 상황이 발생했을 때 삶을 무너뜨릴 만큼 온전하지 못한 반응을 예사로 하는 사람들이다.

어차피 인생의 모든 상황을 통제할 수 없는 사람에게, 온전하지 못한 내면은 삶을 위태롭게 만든다. 내 삶을 평안하게 만들어주는 게 훈련이다. 삶의 상황을 다 통제할 수는 없다. 그러나 내면의 반응을 온전하게 해서 믿음으로 다스릴 수는 있다. 그것이 훈련을 하는 이유다.

회피하지 말고 훈련 상황에서 무엇을 배울 것인가를 생각해야 한다. 어떤 훈련 과목을 통과해서 온전하게 될 것인가를 생각하고, 배우고자 하는 마음으로 성령의 인도하심을 받아야 한다. 이번 상황에서 배워야 하고 고쳐야 할 내면의 반응은 무엇인가를 생각하는 게 훈련에 대한 올바른 태도이다.

훈련 과목 좋은 집에 살면서 쇼핑하고 여행 다니고 싶은 아내가 남편과 힘들어졌을 때 가장 먼저 훈련해야 하는 것은 자신의 인생에 대한 그림을 새롭게 하는 것이다. 자신이 결혼과 가정에 대해 가졌던 꿈들이 어디에서 온 것인가를 생각해보고 예수님이 주시는 그림으로 바꾸어가야 한다. 욕심에서 나오는 그림을 버리고 예수님이 주시는 그림을 새롭게 받는 것이다. 가정이 무엇인지 그리고 가정에서 제자로서 어떻게 살아야 하는지 생각하며 마음을 새롭게 하면 그동안에 겪었던 문제들이 전혀 다른 문제가 된다.

남편이 나를 함부로 대한 게 우선이 아니라 내가 남편에게 성령의 인도하심을 따라 예수님을 증거하지 못했다는 게 더 우선순위가 된다. 내 꿈을 망가뜨린 남편을 원망하기보다 내가 제자로서 예수님을 가정 안에서 어떻게 증거할 것인가를 생각하게 된다.

훈련 과목은 가정에서 예수님을 증거하지 못하게 만드는 내 내면의 문제들로 정해진다. 남편이 조금만 내가 원하는 대로 하지 않아도 금방 인도하심 받는 삶을 잃어버리고 마음이 복잡해진다면 그 이유를 찾아야 한다. 전에는 내가 원하는 대로 해주지 않은 남편이 문제라고 생각했지만 이제는 그런 상황이 와도 욕심에서 나오는 원망이 아니라 예수님께서 원하시는 반응을 할 수 있도록 하는 게 훈련이다.

온전한 내면의 반응을 놓치게 만드는 문제적 반응을 찾는 것이 훈련 과목을 정한다. 남편이 나를 무시한다는 생각이 들면 마음이 슬퍼지고 비참해진다면 왜 그런 반응이 있는지를 살펴서 예수님이 원하시는 반응으로 마음을 강건하게 하는 것으로 훈련 과목을 정하고 훈련한다. 아무도 국어, 영어, 수학처럼 과목을 정해주지 않지만 스스로 성령의 인도하심 안에서 자신의 과목을 생각하고 정리해야 한다.

'아, 나는 누군가 내 말을 무시한다는 생각이 들면 비참해하는구나. 그리고 같이 있고 싶어 하지 않고 혼자서 살아야 한다는 생각을 하는구나. 왜 무시당한다는 생각이 들면 마음이 쉽게 무너질까?

이런 상황이 다시 온다면 마음을 어떻게 정하는 게 예수님이 원하시는 것일까?'

이렇게 마음을 돌아보고 예수님의 뜻 안에서 정리해가는 게 훈련이다.

훈련의 통과 남편이 똑같이 내 말을 들어주지 않는데도 전과 같이 마음이 무너지지 않는다면 훈련을 효과적으로 한 것이다. 남편이 나를 무시하기 위해 그런 태도를 취한 게 아니라 그도 어려서 엄마에게 많이 혼나서 무언가 추궁당하는 상황이 오면 회피해버림으로써 정상적인 대화가 불가능했다는 것을 알게 된 것이다. 이 정도로 남편을 알게 되고 이해하게 된 것은 정말 은혜이다. 자신의 마음을 가난하게 해서 하나님께 순종하고 남편을 이해하겠다는 겸손이 없다면 이런 일은 생기지 않는다.

남편이 내가 원하는 모습이 아닌 자신의 욕심대로 행하는 상황이 와도 예전처럼 원망부터 하며 스스로 비참해지는 게 아니라 자신의 마음을 지키게 된다. 이 상황에서 내가 익숙하게 반응하는 과거의 육신적인 마음의 반응이 아니라 성령께서 인도하셔서 예수님이 원하시는 마음의 반응을 하기 시작한다. 나를 힘들게 하는 상황이 발생했을 때 과거처럼 반응하지 않고, 예수님께서 원하시는 반응을 할 수 있었을 때 그 훈련을 통과한 것이다.

성령의
인도하심

예수님이 말씀하신 성령님 예수님께서는 요한복음 14장에서 하나님께 보혜사 성령님을 우리에게 보내시도록 구하겠다고 말씀하신다. 하나님께서는 우리에게 성령님을 보내주셔서 영원토록 함께 계시게 하신다고 예수님은 말씀하셨다(요 14:16).

> 그는 진리의 영이라 세상은 능히 그를 받지 못하나니 이는 그를 보지도 못하고 알지도 못함이라 그러나 너희는 그를 아나니 그는 너희와 함께 거하심이요 또 너희 속에 계시겠음이라 요 14:17

> 너희가 아들이므로 하나님이 그 아들의 영을 우리 마음 가운데 보내

사 아빠 아버지라 부르게 하셨느니라 갈 4:6

성령께서는 예수님을 믿는 우리 마음 안에 내주하고 계신다.

하나님의 자녀 갈라디아서 4장 6절과 유사한 말씀이 로마서에 있다.

너희는 다시 무서워하는 종의 영을 받지 아니하고 양자의 영을 받았으므로 우리가 아빠 아버지라고 부르짖느니라 롬 8:15

아들의 영, 양자의 영이신 성령님을 우리가 받아서 하나님을 '아버지'라고 부를 수 있게 되었다. 예수님을 믿는 사람들에게 주어진 약속이다. 예수님을 믿으면 하나님의 자녀가 되는 권세를 주셨다.

성령이 친히 우리의 영과 더불어 우리가 하나님의 자녀인 것을 증언하시나니 롬 8:16

인도함 받는 자녀의 삶 예수님을 믿으면 성령께서 오셔서 믿는 사람들의 마음 안에 내주하신다. 그 성령께서는 예수님을 믿는 우리가 하나님의 자녀인 것을 증언해주신다.

무릇 하나님의 영으로 인도함을 받는 사람은 곧 하나님의 아들이라 롬 8:14

예수님을 믿는 하나님의 자녀들은 하나님의 영으로 인도함 받는 삶을 살게 된다.

그러므로 형제들아 우리가 빚진 자로되 육신에게 져서 육신대로 살 게 아니니라 너희가 육신대로 살면 반드시 죽을 것이로되 영으로써 몸의 행실을 죽이면 살리니 롬 8:12,13

이는 육신에게 져서 육신대로 사는 삶이 아니다. 영으로써 몸의 행실을 죽이는 삶이다. 하나님의 영으로 인도함 받는 삶의 내용은 결국 우리의 육신을 다스리는 과정이다. 성령으로 인도함 받는 삶은 육체의 욕심을 이루지 않기 위해 성령의 뜻을 따라 행하는 삶이다. 성경은 성령의 뜻과 육체의 소욕은 서로 거스르고 대적한다고 말씀하신다.

내가 이르노니 너희는 성령을 따라 행하라 그리하면 육체의 욕심을 이루지 아니하리라 육체의 소욕은 성령을 거스르고 성령은 육체를 거스르나니 이 둘이 서로 대적함으로 너희가 원하는 것을 하지 못하게 하려 함이니라 너희가 만일 성령의 인도하시는 바가 되면 율법 아래에

있지 아니하리라 갈 5:16-18

인도함 받는 삶의 방향 어떤 사람이 성령의 뜻을 알아야 인도함을 잘 받지 않겠느냐고 물었다. 정확한 답변을 해주지 못해서 서로 조금 불편했다. 내 답이 질문한 사람이 원하는 답변이 아니었던 것 같다. 나는 성령의 뜻을 구하기 전에 자신의 욕심을 먼저 다루는 과정이 필요하다고 말했다. 우리는 성령의 인도함 받는 삶을 잘 살지 못한다. 그것은 항상 내 욕심이 성령의 뜻을 거스르는 삶인데, 그런 욕심을 성령의 뜻에 굴복시키는 과정이 필요하다.

성경 말씀을 따라 우리에게 주어진 하나님의 성품과 그분의 뜻을 우리는 알고 있다. 심지어 우리는 욕심을 따라 하나님의 뜻에 어긋나는 일들을 많이 한다는 것도 알고 있다. 하나님의 뜻에 어긋나는 내 욕심에 대해 자세히 분별하고 돌이키는 과정이 인도함 받는 삶의 내용이다.

다 알 수 없는 성령의 뜻을 아는 것에 우선순위를 두면 하나님의 영으로 인도함 받는 삶은 특수한 은혜를 받은 사람들만의 일이거나 결코 나는 살 수 없는 삶이 될 수 있다. 내 욕심을 다루기 전에 성령께서 뜻을 보여주셔야 한다는 책임전가가 일어날 수도 있다. 옳은 방향이 아니다. 성령으로 인도함 받는 자녀의 삶은 예수님을 닮지 않은 내 욕심을 성령의 인도하심을 따라 그분의 뜻에 굴복시키는 훈련 과정이어야 한다.

인도함 받는 요셉

원치 않는 일 요셉의 형들은 그를 죽이고 싶어 했다. 유다는 죽이지 말고 팔자고 제안했고, 결국 그는 이집트에 노예로 팔려갔다. 겨우 노예생활에서 벗어나는가 싶었을 때 주인 집 아내의 유혹을 거절하여 억울한 누명을 쓰고 감옥에 들어갔다. 형들이 죽이려다 팔아버려 노예로 살고, 하나님의 뜻에 순종하려다 감옥에 간 게 그의 20대의 삶이었다. 전혀 원하지 않는 일들이 그의 삶에 계속 일어나 그를 괴롭혔다.

만약 우리가 요셉 같은 일을 겪으면 일반적인 반응으로 믿음을 잃어버리게 된다. 그것은 어마어마한 대적을 하는 반역자가 된다는 뜻이 아니다. 아주 간단하게 믿음을 저버릴 수 있다. 그냥 상황에 마음을 빼앗기고 마음 가는 대로 삶을 방치하는 것이다.

요셉이 열입곱 살쯤 하나님께서 주셨던 꿈은 어디로 갔단 말인가. 해와 달과 별들이 그에게 절하는 꿈을 주시지 않았던가. 더군다나 보디발의 아내의 유혹을 거절한 건 하나님을 경외함으로 한 것인데 왜 감옥에 가야 한단 말인가. 믿음을 잃어버리기에 딱 좋은 상황이다. 하나님을 향한 실망으로 마음이 믿음에서 떠나는 것, 그게 모든 문제의 시작이다.

믿음을 떠나 인생이 실패로 끝났을 때 요셉은 자신을 팔았던 형들과 자신에게 누명을 씌워 감옥에 보냈던 보디발의 아내가 자신의 인생을 망가뜨렸다고 말할 수 있다. 충분히 동정할 수 있고 안타까울 수 있지만 결국 그 삶은 원망과 슬픔으로 가득 차게 된다. 우리가 자주 만나는 삶의 내용이다. 어려서부터 자주 들었던 말들, 누군가 나를 망하게 했고, 누군가 나를 도와주지 않아서 이렇게 되었다는….

우리가 관심을 갖는 것은 원치 않는 일로 함정에 빠진 사람이 얼마나 슬프고 안타까운가 하는 것보다 어떻게 그 상황에서 벗어날 수 있는가 하는 것이다. 그것은 마치 벼랑길을 조심스럽게 걸어가는 것과 같다. 한 사람이 겨우 걸어갈 수 있는, 조금만 발을 헛디뎌도 바로 낭떠러지로 추락하는 길을 걷는 것이다. 그래서 아주 조심스럽게 인도함을 받으면서 그 길을 벗어나야 한다.

함께하심 요셉이 노예로 팔려갔을 때나 누명을 쓰고 감옥에 갔을 때 동일하게 성경에 등장하는 내용은 여호와께서 요셉과 함께하셨다는 것이다.

> 여호와께서 요셉과 함께하시므로 그가 형통한 자가 되어 그의 주인 애굽 사람의 집에 있으니 창 39:2

> 요셉이 옥에 갇혔으나 여호와께서 요셉과 함께하시고 그에게 인자를 더하사 간수장에게 은혜를 받게 하시매 창 39:20,21

하나님께서는 언제나 우리와 함께하신다. 우리가 어렵고 믿음의 고난을 당할 때 우리 곁에 더욱 가까이 계신다. 물론 우리는 고난의 시간에 하나님의 함께하심을 친밀하게 느끼지 못할 때가 많다. 그럼에도 우리가 아는 것은 하나님께서는 그분의 자녀들이 고난당할 때 항상 함께하신다는 것이다.

요셉이 하나님께서 함께 계심을 느끼고 구체적인 삶의 내용에서 도움을 받을 수 있었던 것은 여러 가지를 말해준다. 그가 원치 않는 상황에 빠졌을 때 하나님과 형들이나 보디발의 아내를 원망하거나 자신의 인생을 저주했다면 하나님의 함께하심을 경험하지 못했을 것이다. 자신의 마음이 원망으로 무너졌을 때는 하나님을 향해 어떤 기대도 갖지 못하게 되기 때문이다.

원치 않는 상황이 주는 무너지는 마음을 추슬러야 하나님께서 지금 나와 함께하시고 계심을 느낄 수 있다. 상황이 얼마나 어려운지는 중요하지 않다. 요셉같이 어려운 경우도 함께하심을 경험할 수 있다면 상황이 어려워서 하나님과 동행하는 삶을 살지 못했다는 것은 설득력이 떨어진다. 요셉보다 더 어려운 경우는 흔치 않다. 요셉이 인도함 받을 수 있다면 누구나 어떤 상황에서든 하나님과 동행하는 삶을 살 수 있다.

상황이 얼마나 어려운가보다는 하나님과 동행하는 삶이 유지되고 있는가가 중요하다. 상황이 어려울 때 이런 식으로 말하면 꼴 보기 싫을 수 있다. 상황이 어려운 사람을 도우려다 낭패를 여러 번 경험했다. 원치 않는 상황이 발생해서 하나님과 동행하는 삶을 놓친 사람에게 동행하는 삶을 회복하라고 권면했다가 오해를 받았다.

왜 이런 고난이 왔는지 모르고, 단지 이 고난을 빨리 벗어나기 위해 도우려고 했는데 일이 틀어졌다. 내가 고난 받는 사람들의 잘못을 찾아내려고 했다는 것이다. 전혀 아니다. 첫 번째 책 《증언》에도 썼지만 나는 고난의 원인을 알기 어렵다고 생각한다. 단지 고난이 왔을 때 우리의 반응이 성령의 인도함을 받는 반응이 되기를 바랄 뿐이다.

아무리 어려워도 인도함 받으며 하나님과 동행하는 삶을 놓치면 삶은 정말 어려워진다. 그러면 고난에서 벗어날 수가 없다. 하나님 한 분 외에 누가 우리를 고난에서 벗어나게 하겠는가! 고난 중에 하나님의 도움을 받으려면 우리가 할 수 있는 게 무엇인가? 능력과 도움은 하나님께 있다.

능력과 도움이 우리 삶에 임하게 하려면 우리가 해야 할 것이 무엇인가? 요셉처럼 해야 한다. 그가 하나님을 향한 믿음을 잃어버리고, 형들과 보디발의 아내를 원망하면서 인생을 망가뜨리는 것은 아주 쉬운 일이다. 어려울 때 더욱 하나님을 의지하고 동행하는 삶을 지키는 것이 정말 어렵다. 누명을 쓰고 감옥에 갔는데 하나님과 더욱 친밀하게 동행하는 삶을 살 수 있다는 것은 정말 은혜다.

요셉처럼 억울하지 않은 우리는 더욱 겸손하게 하나님과 동행하는 삶을 소중하게 지켜야 한다. 하나님을 경외하여 죄를 물리쳤는데 죄로 유혹했던 사람이 자신의 죄를 요셉에게 덮어씌웠을 때도 그는 하나님을 의지했고 동행하는 삶을 살았다.

아무리 동행하는 삶을 살아도 어차피 감옥인데 그가 어떤 심정으로 하나님과 동행하는 삶을 살았는지 알 필요가 있다. 그 모든 과정에서 하나님께서는 그의 마음을 보시고 계셨을 것이다. 하나님께서는 사람의 마음을 보신다. 어렵고 억울할 때 그분을 향해 어떻게 마음을 쓰는지 보신다.

하나님께 도움을 받으려면 동생이 언니를 전도하여 데려왔다. 그날 설교는 예수님을 증거하는 제자의 삶에 관한 것이었다. 그런데 언니가 성령의 인도함 받는 삶이 무엇인지 모르겠다고 했다. 동생은 순간 기도하고, 설명해주었다고 한다.

"며칠 전에 자다가 언니가 갑자기 배가 아프다고 했을 때 나는 그냥 자고 싶었지만 평상시처럼 하지 않고 언니의 배를 만져주고 기도해주었어. 그게 바로 인도함 받는 삶이야."

교회에 잘 정착한 언니에게 어려운 일이 생겨서 두 자매와 식사하며 격려하는데 동생이 고향을 떠나 서울에서 겪었던 일을 이야기했다. 부모의 충분한 도움이 없어서 바다 건너 육지 그것도 삭막한 서울에서 적응하기가 쉽지 않았다. 지금은 비교적 좋은 직장에 다니는 동생은 어려웠을 때 옷 가게에서 아르바이트를 한 적이 있었다.

옷 가게 주인이 출산을 하게 되어서 가게를 임시로 맡게 되었는데, 주인이 월세 150만 원만 자기에게 주고 나머지는 동생 몫으로 하라고 했다는 것이다. 그런데 아무리 열심히 해도 월 160만 원을 조금 넘기는 정도였다. 나중에 주변 사람에게 들어 보니 월세가 그 돈의 절반 정도밖에 되지 않는다고 했다. 주인에게 어떤 항의도 하지 못하고 가게를 그만두었다고 한다. 내 안에서 기도가 일어났다.

하나님께서 그 상황을 어떻게 보시고 계셨을지 느낄 수 있었다. 이후 그들은 정부에서 지원하는 아파트에 당첨이 되었고, 동생은 경력을 살려 자신이 원하는 직장도 얻게 되었다. 언니도 직장생활을 하면서 점점 믿음이 자라나고 학습과 세례를 받기 위해 열심히 교육에 참여했다.

우리가 억울한 일을 당할 때 하나님께서 어떻게 판단하시고 행동하시는지 정확히 알 수 없다. 다만 우리가 하나님과 함께하는 삶을 잃어버리지 않을 때 반드시 그분의 도움을 받을 수 있다.

사람을 보내시고 은혜를 받게 하심 하나님께서는 요셉과 함께하셔서 그를 돕기 시작하신다. 노예로 팔려 갔을 때나 감옥에 갔을 때 그에게 사람을 보내시고 은혜를 받게 하셨다. 각기 다른 두 상황에서 동일한 내용들이 조금은 신기할 정도로 겹칠 때가 있다. 아마도 하나님께서 자주 사용하시는 방법이라고 생각된다.

요셉이 받은 은혜가 우리의 것이 되게 할 필요가 있다. 그에게 은혜를 베푸신 동일한 은혜를 우리에게 베풀어주신다면 우리도 어려움에서 벗어날 수 있다.

> 요셉이 그의 주인에게 은혜를 입어 섬기매 그가 요셉을 가정 총무로 삼고 자기의 소유를 다 그의 손에 위탁하니 창 39:4

> 여호와께서 요셉과 함께하시고 그에게 인자를 더하사 간수장에게 은혜를 받게 하시매 간수장이 옥중 죄수를 다 요셉의 손에 맡기므로 그 제반 사무를 요셉이 처리하고 창 39:21,22

요셉은 노예생활을 할 때는 주인 보디발에게, 감옥에 갔을 때는 간수장에게 은혜를 입었다. 남편을 잃고 시어머니와 이삭을 주워 먹으며 살던 룻에게 돈 많고, 사람 좋고, 집안 좋고, 믿음 좋은 보아스를 보내셔서 결혼하게 하셨던 것처럼. 하나님께서는 어려움에 빠진 이들에게 사람을 보내시고 은혜를 받게 하신다.

그런데 어려움에 빠졌을 때 사람을 먼저 찾으면 은혜가 아니라 부담과 관계의 틀어짐만 경험하게 된다. 하나님께서 베풀어주신 은혜의 결과와 사람의 욕심이 만들어 내는 부자연스러운 결과는 겉보기와 다르게 아주 큰 차이가 있다. 겉으로는 은혜도 사람의 욕심도 보이지 않아서 별 차이가 없는 듯하지만 일의 과정과 결과에서 큰 차이가 난다.

아브라함이 하갈과의 관계에서 이스마엘을 낳았을 때 아브라함의 가정이 겪는 환란과 이스마엘과 이삭의 후손들의 분쟁으로 인류가 겪는 환란을 보라. 아브라함이 믿음으로 하나님을 의지하지 않고 인간적인 방법을 사용함으로써 생기는 신앙의 문제들을 우리는 알고 있다.

우리가 어려움 속에서도 하나님과 동행하는 삶을 살고 있다면 어떤 사람을 만나기 전에도 하나님께서 주시는 은혜가 우리의 삶 안에 있게 된다. 어려움 속에서도 하나님을 의지할 때, 우리를 향한 하나님의 불쌍히 여기심은 누구나 알아볼 수 있다. 보디발은 이집트 사람이었지만 요셉이 받은 은혜를 볼 수 있었다.

그의 주인이 여호와께서 그와 함께하심을 보며 또 여호와께서 그의

범사에 형통하게 하심을 보았더라 창 39:3

아직 상황은 여전히 노예이다. 그러나 요셉은 은혜를 받고 있었다. 하나님께서 그와 함께하심이 그의 삶의 모든 영역에서 다른 사람도 볼 수 있을 만큼이 되었다. 그때 나를 돕는 사람, 내게 은혜를 베푸는 사람이 나타난다. 은혜가 없다면 은혜를 베풀 사람도 나타나지 않는다.

환경을 다스림 노예로 살 때 주인이었던 보디발이나 감옥에 있을 때 간수장 모두 요셉을 신뢰하고 일을 맡겼다. 히브리인 노예를 신뢰하는 이집트 귀족, 주인에게 죄를 지어서 감옥에 들어온 노예를 신뢰하는 간수장. 요셉이 정말로 노예였고 죄인이었다면 그들은 그에게 일을 맡기지 않았을 것이다. 요셉은 노예가 아니었다. 주인의 부인에게 죄를 지은 죄수도 아니었다.

요셉이 노예도 죄수도 아닌 것은 그의 억울함을 밝힘으로써 드러나는 게 아니다. 왜냐하면 요셉을 노예로 샀던 주인 보디발이나 감옥의 간수장은 그의 억울함에는 관심이 없기 때문이다. 조금 슬픈 일이다. 내 억울함을 알아주는 사람들은 없다. 그들이 악해서가 아니라 관심이 없기 때문이다. 사람들은 자신에게 관계된 일에만 마음을 쓴다.

요셉이 노예도 죄수도 아니라는 것은 그의 주인들이 보는 요셉의 삶을 통해서만 검증될 것이었다. 진짜 노예 근성을 가지고 있는 노예를 모든 집안일을 담당하는 가정 총무로 삼지 않을 것이며, 진짜 죄수를 감옥의 제반 사무를 담당하는 사람으로 삼을 간수장은 없다. 보디발은 자기의 소유를 다 요셉의 손에 위탁했고, 간수장은 옥중의 죄수를 다 요셉의 손에 맡겼다고 성경은 말씀하신다. 아직 노예였고, 감옥에 있는 죄수였지만 요셉에게는 자유가 있었다. 자신을 둘러싼 기가 막힌 환경에 지배당하지 않았다.

하나님과 동행하는 삶, 하나님의 영으로 인도함 받는 자녀의 삶은 환경의 지배를 받지 않고 오히려 그 환경을 다스린다. 누구든지 자신의 삶을 어렵게 하는 환경들이 있다. 그것들은 끊임없이 우리의 마음을 무너지게 하고 삶을 묶으려고 한다. 올무에서 벗어나는 삶은 아무런 일도 없는 삶에 가능한 게 아니라 -그런 삶은 없으므로- 어떤 일이 일어나더라도 하나님을 의지하고 동행함으로 환경이 아니라 하나님께서 주신 은혜가 다스리게 될 때 가능하다.

인도함 받는 삶의 결과 여호와의 복이 보디발의 집과 밭, 모든 소유에 있었다. 간수장은 요셉에게 일을 맡기고 안심했다. 요셉이 하는 일마다 형통했기 때문이다. 이 모든 일이 하나님께서 주신 은혜였다. 요셉은 은혜를 받고 누릴 만한 사람이었다.

그가 요셉에게 자기의 집과 그의 모든 소유물을 주관하게 한 때부터 여호와께서 요셉을 위하여 그 애굽 사람의 집에 복을 내리시므로 여호와의 복이 그의 집과 밭에 있는 모든 소유에 미친지라 창 39:5

간수장은 그의 손에 맡긴 것을 무엇이든지 살펴보지 아니하였으니 이는 여호와께서 요셉과 함께하심이라 여호와께서 그를 범사에 형통하게 하셨더라 창 39:23

단순히 운이 좋거나 사람이 좋은 거라면 앞날을 장담할 수 없다. 여전히 노예 혹은 죄수로 살지도 모른다. 얼마나 많은 실력 있는 사람들이 그냥 사라지는가. 그러나 요셉이 받은 은혜의 삶과 축복, 형통함은 결코 좋은 노예 혹은 좋은 죄수로 감옥 안에서 끝날 수 없었다. 그것은 하나님께서 정확한 뜻을 가지고 일정한 방향으로 요셉을 이끄신 결과였다. 요셉은 하나님의 손에 붙들려 있었다.

그는 삶의 고비마다 하나님께서 원하시는 정확한 반응과 훈련을 통과했다. 사실 요셉은 하나님의 손에 붙들린 하나님의 사람이었다. 그저 운이 나빴거나 좋았던 사람이 아니다.

하나님께서 욕심을 다루시는 과정

요셉의 욕심과 형들의 욕심 일하는 형들과 달리 집에서 좋은 옷을 입고 지냈던 요셉은 형들의 잘못을 아버지에게 이르고 아버지의 사랑을 독차지했다. 형들이 자신에게 절하고 섬기게 될 거라는 식의 꿈 이야기를 했고, 형들은 그런 요셉을 죽일 만큼 미워했다. 만약 그가 기대하는 대로 꿈이 현실이 된다면 형들은 동생에게 절해야 하는 굴욕적인 삶을 살아야 했다. 형들은 그를 죽여서라도 그런 일을 막고 싶었다.

형들보다 뛰어나고 싶었던, 아버지의 뒤를 이어 형들을 다스리고 싶었던 요셉의 욕심과 그에게 절하는 굴욕을 감당하기 힘들었던 형들의 욕심이 충돌했다. 욕심과 욕심이 격돌하면 사망에 더 가까운,

더 악한 욕심이 이긴다. 많은 경우에 욕심은 사망과 현실의 이익을 차지하고, 선함은 하나님의 뜻과 생명을 선택한다.

작은 욕심이 큰 욕심을 만날 때 요셉은 욕심을 이루지 못했다. 형들이 그를 죽이려다 상인에게 노예로 팔아버렸기 때문이다. 현실에서 욕심을 이루고 사망의 이익을 차지한 사람들을 부러워하고 칭송하는 게 세상이다. 하나님이 살아 계신다는 것을 모르기 때문이다. 정말 하나님의 사랑을 받는 사람이라면 욕심을 이루지 못하는 게 좋은 일이다. 하나님께서 욕심을 막아주시는 사람은 복을 받은 것이다.

요셉의 욕심은 누구를 해하려는 죄는 아니었다. 단지 형들보다 조금 더 뛰어나고, 아버지의 지지를 받고 싶었던 것이다. 그러나 형들의 욕심은 죄를 낳았다. 동생을 죽이는 사망으로 나아갔다.

> 욕심이 잉태한 즉 죄를 낳고 죄가 장성한 즉 사망을 낳느니라 약 1:15

신실한 믿음을 갖는 사람에게도 욕심은 있다. 단지 조금 더 잘 되고 싶은 마음에서 나오는 소박한(?) 욕심이다. 그런 작은 욕심이 사망에 이르는 욕심을 만났을 때 파국을 맞는다. 현실의 이익을 위해 사망을 두려워하지 않는 요셉의 형들과 같은 사람들을 피해야 한다. 요셉과 같이 큰 피해를 겪을 수 있다. 그러나 아무리 조심해도 악한 사람들의 욕심에 걸려 모든 것을 잃어버릴 수 있다. 인생에 그런 일이 오지 않기를 바라지만 그런 일을 자주 만날 수 있다. 돈을 조금 더 벌려다가 사기에 걸려들어 재산을 잃어버리는 경우와 같다고나 할까.

요셉이 다룬 욕심 성경에 보면 하나님께서는 요셉을 죽이려고 한 형들을 징계하시는 데 우선순위가 있으신 것 같지 않다. 성경은 요셉의 형들을 조금도 능동적인 존재로 주목하지 않는다. 오직 요셉의 삶에 의해 인생이 결정되는 수동적인 존재로 등장한다.

성경의 모든 관심은 요셉에게 있다. 우리도 성경의 관점을 받아들여야 할 필요가 있다. 잘못한 사람들을 심판하여 정의를 세우는 것도 중요하지만 옳은 사람이 하나님을 닮아서 그분의 정의와 뜻을 실현하는 게 더욱 중요하다.

일단 요셉은 아버지의 집에서 높아지는 것을 포기해야 한다. 그리고 자신을 죽이려던 형들을 용서하고 노예의 삶을 받아들여야 하는 아주 곤란한 상황에 있다. 인생에 이런 일이 하나만 일어나도 감당하기가 힘들다. 그런데 문제는 항상 복합적으로 꼬여서 일어나는 경향이 있다. 삶에 있어서 어려운 문제일수록 더욱 꼬여 있다. 한 가지만 잘못 풀어도 정답은 나오지 않는다. 인생이 틀린 답으로 빠지게 된다.

요셉은 자신을 높이는 삶을 포기해야만 했다. 좋은 옷을 입고, 아버지의 사랑을 독차지하고, 집안에서 높아지는 어렸을 때의 꿈은 끝났다. 자신을 죽이려고 했던 형들을 향한 원망을 다루어야 한다. 아주 사소한 일에도 원망을 가졌을 텐데 이제는 어마어마한 일에도 원망하지 않는 사람이 되었다. 억울한 노예의 삶을 통해 자신의 인생에 대한 근본적인 주도권이 자기에게 없다는 것을 인정해야 했다. 이것은 정말 고통스러운 일이다.

자신을 낮추고, 억울한 공격에 복수하지 않고, 종이 되어 다른 사람을 섬긴다. 어딘가 아주 익숙한 내용이 아닌가! 요셉은 예수님을 닮은 삶으로 나아가고 있었다. 요셉이 선택하지 않았고 형들이 악하게 공격하여 벌어진 일들이지만 그렇게 사망의 욕심이 가득한 순간에도 하나님께서는 사랑하는 요셉을 이끌고 계신다.

욕심이 이루어지지 않을 때 욕심이 이루어지지 않을 때 그것을 훈련의 기회로 삼아야 한다. 자신의 욕심을 다루는 기회로 삼아야 한다. 삶의 근본적인 내용과 방향이 욕심을 이루는 게 아니라 하나님의 뜻을 이루고 축복을 누리는 내용과 방향으로 나아가도록 해야 한다.

욕심이 이루어지지 않으면 금세 영적인 일관성이 사라지고 온갖 이유를 들이대며 불평하는 사람들이 있다. 영적인 일관성은 없지만 자신의 욕심을 이루고자 하는 일관성은 있다. 욕심을 드러내지 못하니 마음과 말이 복잡해진다. 영적인 일관성이 있는 사람은 하나님 앞에서 자신을 돌아보고 자신의 욕심과 문제를 정직하게 다루는 사람이다. 자신의 욕심을 다루는 사람들은 공격적이지 않다.

욕심을 이루지 못한 것에 대해 마음이 복잡해지면 공격적으로 변한다. 갑자기 다른 사람의 말을 듣지 않고 자신을 돕지 않는 사람의 잘못을 찾아내고 싶어 한다. 만약 빛 가운데 진실이 드러나려고 하면 바로 불쌍한 피해자 모드로 돌아설 수 있다. 조심해야 한다. 성급하게 진실을 들이대면 진실을 말한 사람이 비정한 사람이 된다. 욕심을 다루지 않는 곳은 마음과 관계와 삶의 내용들로 복잡해진다.

욕심을 이루지 못해 울분에 쌓여 있는 사람을 피해야 한다. 그러나 잘 피할 수는 없을 것이다. 그들은 울분을 풀 대상을 찾고 있기 때문이다. 더군다나 교회는 누구나 올 수 있는 곳이기 때문에 더 그렇다. 그래도 최선을 다해 피해야 한다. 그 울분을 맞으면 나쁜 사람이 된다. 아마도 누군가의 울분을 피하는 것은 다들 본능적으로 행하는 일일 것이다. 그래도 피하기는 쉬운데, 그것을 맞이해서 어떻게 훈련을 할 것인가는 매우 어렵다.

단지 훈련을 이야기했다는 이유로 나쁜 사람이 될 수 있다. 그때는 또 다른 훈련을 한다. 나쁜 사람인가 좋은 사람인가를 하나님의 판단에 맡기고 순종하는 훈련이다. 사람에게 좋은 사람이 되려고 울분에 찬 사람들을 피해 다니기만 하면 어떻게 하나님의 일을 이루겠는가!

육체의 일과 성령의 열매

신자의 딜레마 예수님을 믿으면 하나님의 자녀가 된다. 하나님의 자녀는 하나님의 영으로 인도함 받는 삶을 살게 된다(롬 8:14). 그러면 성령의 인도하심과 내 욕심이 거스르고 대적한다.

> 육체의 소욕은 성령을 거스르고 성령은 육체를 거스르나니 이 둘이 서로 대적함으로 너희가 원하는 것을 하지 못하게 하려 함이니라 갈 5:17

강의를 하면서 성령의 인도하심과 자신의 욕심 사이에서 갈등하는 경우가 열 번 정도라면 성령의 뜻대로 순종하는 경우가 몇 번이나 되느냐고 질문한 적이 있다. 대다수는 한두 번 정도였다고 대답

했다. 그러니까 대부분 우리의 욕심대로 살고 있는 것이다. 예수님을 믿고 하나님의 자녀가 되어 바로 직면하게 되는 문제는 '성령 하나님의 인도하심에 순종하느냐, 내 욕심대로 사느냐'이다. 이미 우리는 대부분의 삶에서 우리 욕심대로 살고 있다.

만약 어떤 사람이 예수님을 믿고 나서 자신의 욕심대로 사는 삶에 대해 깊이 고민하고 있다면 정말 좋은 상태라고 할 수 있다. 대다수의 사람들은 예수님을 믿음에도 불구하고 계속 자신의 욕심을 이루는 게 신앙이라고 생각한다. 예수님을 믿고 성령 하나님의 인도하심 안에서 하나님의 뜻을 느끼고, 자신의 욕심에 대해 문제 의식을 느끼기 시작했다면 정말 좋은 신앙의 내용이라고 할 수 있다.

자신의 욕심대로 살았던 삶과 자신의 욕심에 대해 거룩하고 진실한 도전을 받아야만 한다. 예수님을 믿고 삶이 더 복잡해지고, 자신의 욕심대로 함부로 하지 못해서 삶이 더 불편해졌다면 잘 믿고 있는 것이다. 쉽게 다시 욕심의 길로 돌아가면 안 된다. 갈등은 없어지겠지만 하나님을 닮아가는 자녀의 복된 삶을 살기까지는 시간이 더 걸린다.

믿음이 있다면서 욕심대로 살면 외식하는 신앙인이 될 수 있다. 신앙과 삶이 분리되는 이중적인 삶이 된다. 이것만은 막아야 한다. 내 욕심대로 할 수는 있다. 우리는 다 그런 부분이 있는 연약한 사람이라는 것을 알고 있다. 그러나 이중적인 삶이 되어서는 안 된다. 자신이 늘 성령 하나님의 뜻과 자신의 욕심 사이에서 갈등하며, 자주 자신의 욕심대로 선택한다는 것을 정직하게 인정할 수 있다면 좋은 신앙이다. 그러나 욕심대로 살면서도 그것을 다루지 않고 감추고 욕심을 이루고자 한다면 자신과 가정과 직장과 그리고 교회 공동체 전체가 외식의 영향을 받게 된다. 단지 욕심을 다루지만 않았지(감추었을 뿐) 그것을 이루려는 게 아니었다는 말은 하지 말아야 한다. 욕심은 반드시 죄를 낳고 사망으로 가게 한다. 정직하게 다루지 않으면 다스릴 수 없는 게 욕심이고 죄이다.

공동체 안에서 자신의 욕심을 부드럽게 다루고 은혜로 회복하는 일들이 줄어든다면 신앙의 내용과 공동체의 교제 내용은 형식적이 될 것이다.

줄어드는 은혜 먼저는 은혜가 줄어드는 모습으로 나타난다. 은혜는 우리의 욕심과 죄에 대한 하나님의 값없는 용서인데 용서받는 게 줄어드니 당연히 은혜도 줄어든다. 그러면 서로의 문제들에 대해 형식적인 관계를 이루고 있다는 의미이다. 지도자일수록 자신의 욕심을 어떻게 다루고 있는지 부드럽고 은혜롭게 나누는 게 좋다.

그것은 하나님을 높이고 나 자신을 낮추는 일이다. 또한 나 자신을 지키는 일이 된다. 아울러 모든 사람들이 자신의 욕심과 죄를 다루는 일을 두려워하지 않게 된다. 이중적인 삶을 청산하게 된다. 욕심대로 살면서 하나님의 뜻을 운운하는 외식을 막아야만 한다.

욕심대로 사는 사람이 정직하지 않고 하나님의 뜻을 운운하는 건 위태로운 일이다. 자신의 욕심을 따라 하나님의 뜻마저 이용하려는 태도이다. 그뿐 아니라 그와 함께하는 사람도 넘어질 수 있다. 단지 속았다고 해서 넘어지는 일을 막을 수 있는 게 아니다. 깨어 있지 않으면 넘어진다. 진실을 추구해야 외식에 속지 않는다. 더군다나 자신과 남을 속이는 외식하는 사람이라면….

육체의 소욕, 그 결과 갈라디아서 5장 17절은 이렇게 시작한다. "육체의 소욕은 성령을 거스르고." 갈라디아서 5장 19절은 "육체의 일은 분명하니 곧 음행과 더러운 것과 호색과"이다. 육체의 소욕은 육체의 일을 낳는다. 육체의 일이라고 갈라디아서 5장에 언급된 내용들은 죄들의 항목에 관한 것이다.

"우상숭배와 주술과 원수 맺는 것과 분쟁과 시기와 분냄과 당 짓는 것과 분열함과 이단과 투기와 술 취함과 방탕함과 또 그와 같은 것들이라"(갈 5:20,21).

성령을 거스르고 대적하여 육체의 소욕대로 하면 육체의 일인 죄가 나온다. 욕심이 잉태한 즉 죄를 낳고, 육체의 소욕대로 하면 육체의 일들이 나타난다.

죄가 나오기까지 아주 오랜 시간 동안 성령을 거스르고 내 욕심대로 한 결과라는 것을 알아야 한다. 육체의 소욕대로 하면 육체의 일인 죄가 나온다. 자신이 죄를 자주 짓고 있다면 제일 먼저 점검해야 하는 것은 어디서부터 성령의 뜻에 불순종하고 육체의 소욕대로 해왔는지 찾는 것이다.

죄는 성령의 뜻에 대한 불순종, 그리고 육체의 소욕을 따라 살 때 나타난다. 하루 혹은 한 번 불순종했다고 바로 엄청난 죄로 나타나지는 않는다. 끊임없이 자신의 욕심대로 하면서 불순종하면 죄를 이길 수 없다. 눈에 보이는 죄가 나오기까지 오랜 시간 동안의 불순종과 욕심대로 행한 삶이 있다는 것을 알고, 자신의 불순종과 욕심을 살피는 게 필요하다.

성령으로 살고 행하는 삶 갈라디아서 5장 19-21절을 통해 죄를 나열하고, 이어서 22,23절에서 성령의 열매들을 말씀하신다. 육체의 소욕을 따라 살 때 맺게 되는 육체의 일, 즉 죄의 열매와 성령의 뜻을 따라 살 때 맺게 되는 성령의 열매에 대한 비교 설명이다. 사랑과 희락과 화평, 오래 참음과 자비와 양선과 충성과 온유와 절제의 열매들은 성령의 뜻을 따라 살 때 맺게 되는 성령의 열매들이다.

> 그리스도 예수의 사람들은 육체와 함께 그 정욕과 탐심을 십자가에 못 박았느니라 만일 우리가 성령으로 살면 또한 성령으로 행할지니
> 갈 5:24,25

이 문맥에서 육체와 함께 정욕과 탐심을 십자가에 못 박았다는

것은 육체의 소욕과 성령의 뜻이 거스를 때마다 육체의 소욕대로 하지 않고 성령의 뜻을 따라 산다는 것을 의미한다. 그래서 24절에 성령으로 살고 성령으로 행해야 한다고 권면하신다. 거룩한 삶은 성령 하나님의 역사이시다. 만약 스스로 거룩해지는 방향으로 가고자 한다면 방향을 잘못 잡은 것이다. 반드시 사람이 원하는 결과를 내놓게 된다. 우리는 거룩하지 않고 거룩함도 없다. 하나님 한 분만 거룩하시다. 우리의 거룩함은 하나님께서 주시는 것이다. 우리는 항상 거룩함을 순종을 통해 받아야 한다.

욕심이 드러나는 과정

인도함을 놓칠 때 농구를 좋아한다. 중학생 때부터 길거리 농구를 해왔다. 농구를 하면 늘 이기려고 했기 때문에 항상 긴장이 넘쳤다. 나는 다른 사람보다 승부욕이 강했다. 지는 것을 싫어하고, 지면 한참을 농구장을 떠나지 않고 생각에 잠기곤 했다. 꼭 이기려다 보니 반칙도 나오고 싸움으로 번지는 경우가 다반사였다. 지려고 경기를 하는 사람은 없다. 강하든 약하든 다 승부욕이 있고, 꼭 이기고 싶은 게 사람의 욕심이다.

30대가 되면서 승부욕은 많이 줄었지만 내게 여전히 농구는 즐기는 게 아니라 이겨야 하는 거였다. 신앙이 성장하면서 나는 '농구를 이기기 위해 하나, 즐기기 위해 하나'를 고민하게 되었다. 지금 생각으로 하면 성령의 뜻을 따라 화평과 희락이 있는 농구 게임이 될 것인지 아니면 이기려는 욕심으로 긴장과 싸움이 있는 경기가 될 것인지를 결정해야 하는 상황이다.

다행히 충분히 깨닫기 전이었지만 욕심으로 농구를 하지 않게 되었고, 지든 이기든 즐기게 되었다. 그러자 농구가 즐거운 운동이 되었다. 농구를 하다 다투게 되면 그 후유증이 만만치 않고 회복하기까지 괴로운 시간을 보내야 하는 것도 영향을 미쳤다.

반칙은 거의 없고 상대방이 골을 넣어도 멋지다고 할 수 있을 정도로 여유와 즐거움이 생겼다. 그러다 보니 사람들과 더욱 친해지고, 누구와도 즐거운 게임을 하게 되었다. 신앙의 내용이 내 삶의 전반을 다스려오고 있었다. 성령의 열매, 예수님 성품의 다스리심이 농구장을 가득 채우는 것을 느꼈다. 물론 어떤 사람들에게는 그저 기분 좋은 게임이었을 것이다. 그러나 나는 안다. 농구를 하거나 아들과 공부를 하거나 혹은 혼자 조용히 말씀 묵상을 하는 시간에 성령의 열매인 사랑과 희락과 화평을 느끼는 게 비슷하기 때문이다. 예수님의 다스리심은 내 삶의 모든 곳에서 진행된다.

인도함을 놓치는 경우 요즘은 농구 시합을 하면 거의 대부분 진다. 그래도 즐겁다. 그런데 가끔 마음이 어려워지면서 이기려다가 더욱 처참한 상황에 내몰릴 때가 있다. 보통 길거리 농구는 15골을 먼저 넣는 사람이 이기는 것이 규칙이다. 전반전 7골, 후반전 8골이다.

정상적인 농구 점수로 환산한다면 30점을 먼저 넣어야 한다. 길거리 농구는 한 골당 2점으로 점수를 환산한다.

대부분 점수 차이가 많이 나면 슬슬 하면서 서로 즐겁게 끝낸다. 그런데 가끔 10 대 0으로 이기고 있는데도 악착같이 15 대 0으로 이기려는 사람을 만나게 된다. 그때는 마음이 어려워지면서 승부욕이 올라온다. 나도 악착같이 밀착 수비를 하고 공격도 과감하게 한다. 그러나 이미 나는 반칙을 해서라도 이기려고 했던 과거의 내가 아니다.

더군다나 과감한 공격을 한 번 하고 나면 숨이 차서 헉헉거리게 된다. 상대방은 그런 나를 놀리듯이 기회도 주지 않고 15점 차로 승리한다. 경기는 화목함이 없어진 지 오래다. 인도함도 놓치고, 경기도 비참하게 지고 나면 깊은 좌절이 몰려온다.

상황 발생, 욕심 발동, 인도함 놓침 상대방의 욕심이 지나치게 강해서 내 욕심을 건드리는 상황이 발생하면 내 욕심이 일어난다. 대부분 우리의 욕심을 발동하게 하는 상황들은 이미 우리 안에 있는 욕심을 건드리는 경우이다. 누구든 지고 싶은 사람은 없다. 물론 승부욕이 애초에 적은 사람들이 있기는 하다.

주식 투자로 엄청난 부자가 된 미국의 워런 버핏은 승부욕이 강한 사람이라고 한다. 그러나 그의 아내인 수지는 승부욕이 전혀 없어서 부부 간에 무슨 게임을 하든지 게임 자체가 성립되지 않았다고 한다. 수지는 다른 사람을 이기고 싶어 하지 않고 돕고 싶어 한다는 것이다. 그럼에도 그녀는 버핏을 떠나서 서로 각자의 삶을 살았다. 누구나 각자의 욕심이 있다. 자신의 욕구를 건드리거나 채워지지 않는 상황이 올 때 그 욕심이 표면으로 드러난다.

욕심이 일어나면 성령의 인도하심이 아니라 내 욕심이 내 마음과 삶을 이끌어가게 된다. 한마디로 성령의 인도하심을 놓치게 된다.

욕심의 반응을 살피는 사람 성령의 인도하심을 놓치게 만드는 욕심이 자기 마음 안에 있다는 것을 모르는 사람들이 있다. 당연히 누구나 욕심이 있다고 생각할지 모르지만 구체적으로 어떤 상황에서 어떤 욕심이 올라오는지 그리고 그 결과가 무엇인지 모르거나 알고 싶어 하지 않는다.

가인이 평소에 자신이 인정받지 못할 때 분노하고 죄를 범하는 것을 알고 다루었다면 어떻게 되었을까? 사울이 사람들을 지나치게 의식하는 마음이 있어서 죄를 범하는 경우가 있다는 것을 알고 다루었다면 전혀 다른 삶을 살았을 것이다.

자신의 욕심을 다루지 않으면 정도의 차이는 있지만 누구나 가인이나 사울과 별반 다를 바 없는 삶이 될 수 있다. 사람의 착함이나 악함 이전에 성령의 인도하심이 없는 육체의 소욕만 있는 삶이 될 수 있기 때문이다. 사람의 욕심이 다 비슷하다면 결국 성령의 인도하심을 따라 자신의 욕심을 다룰 때만 욕심과 죄를 피할 수 있다.

성령의 인도하심을 놓친 상태

상황이 마음을 빼앗음 많은 경우는 자신이 성령의 인도함 받는 삶을 놓치고 욕심으로 영적 상태가 어려워졌다는 것을 알지 못한다. 자신의 영적인 상태는 스스로 알고 점검해야 한다. 인도함 받는 삶을 사는 것도, 성령의 열매를 맺는 것도, 죄를 짓는 것도 자신이다. 자신의 신앙은 스스로 가꾸어야 한다. 지나치게 걱정할 필요는 없지만 스스로의 영적인 상태에 대해 경각심을 갖는 것은 좋다.

자신을 어렵게 하는 상황에 마음을 빼앗기면 영적인 집중력이 약해진다. 안 좋은 상황 때문에 마음이 어려워서 내면의 반응을 살피는 게 불가능해진다. 그럴 때 훈련을 권면하면 거의 대부분 욕을 먹는다. 어려운 상황보다 자신의 내면의 반응을 살피고 내용을 점검해서 새롭게 해야 한다고 말하면 "내가 무엇을 잘못했나요? 왜 내게 잘못했다고 그러나요?"라고 공격한다. 아마 내가 지혜가 없어서 겪는 일일 것이다. 지금은 그런 상황이 되면 거의 말하지 않는다. 아무리 요청해도 대답하지 않는다. 그냥 시간이 지나가기를 기다린다.

그래도 가끔은 어려운 상황에서도 훈련하려고 하는 사람들을 만나게 된다. 그런 사람들은 그 시간에 엄청난 믿음의 성장을 하게 된다. 정말 단단한 믿음을 갖게 된다. 그 정도가 되면 그는 정말 신뢰할 만한 사람이 된다. 더 이상 사람을 무서워하지 않는다. 어려운 상황일 때 어떻게 반응하는지를 지켜보아야 사람에 대해 정확히 알게 된다. 아무리 좋던 사람도 상황이 어려워지면 공격적으로 변한다. 그리고 하지도 않은 말을 조금 비틀어서 이상한 말을 했다고 한다.

나는 살면서 많은 고난을 겪었기에 고난 받는 사람들의 심정을 조금은 이해한다. 그래서 고난의 원인을 고난당하는 사람에게서 찾지 않는다. 단지 요셉처럼 그 상황에서 벗어나기 위해 훈련을 해야 한다고 조심스럽게 권면하는데 사람이 갑자기 바뀐다. 아주 착하고 호의적이던 사람이 매우 공격적으로 변한다. 그래도 가끔 훈련으로 받아들이고 요셉과 같이 믿음의 위대한 투쟁을 하는 사람들을 만나면 언제 그랬냐는 듯이 이전 일을 잊는다.

상황에 대한 역전 요셉은 스스로 노예생활을 벗어날 수 없었다. 비록 아무 잘못도 없이 누명을 쓰고 감옥에 갔을지라도 스스로는 감옥에서 나올 수 없었다. 하나님께서 건져주셔야 한다. 스스로 노예생활과 감옥에서 벗어날 수 없다면 먼저 마음과 믿음의 내용이 새로워져야 한다. 아직 노예이고 감옥에 있는 죄수일지라도 마음이 노예의 비참한 상황과 죄수로 감옥에 갇힌 억울한 상황에 빼앗기지 않아야 한다. 마음만은 하나님과 동행하는 은혜가 있어야 한다.

평안할 때 누리는 은혜가 아닐 수 있다. 고통스러운 상황이 몰려올 때 아무리 은혜가 있어도 평안하기 어렵다. 그래도 상황이 마음을 덮치거나 무너뜨리지 못하게 해야 한다.

자책과 원망과 공격 상황이 마음을 덮쳐 성령의 인도함을 놓치면 보통은 자책에 빠진다. 아무리 내 잘못이 없어도 불행을 어떻게 막을 수 있었을까 생각해보면 백 가지 잘못이 없었어도 한 가지 정도는 잘못이 떠오르기 마련이다. 그 작은 실수가 엄청난 사건을 일으키지 않았음에도 자책하는 마음에서 벗어나기 힘들다. 자책하는 마음은 남을 공격하는 마음보다는 나쁘게 보일지 모르지만 어쨌든 성령의 인도함을 놓치게 만든다.

어려운 일이 생겨서 인도함을 놓치게 되면 원망하는 마음이 올라온다. 자신을 도와주지 않은 상황과 사람들에 대해 그런 마음이 든다. 당연히 하나님을 향해서도 원망하는 마음을 갖게 된다. 조금이라도 신앙이 있는 사람이라면 대놓고 원망할 수는 없다. 그래서 더욱 사람들을 원망하는 것 같다. 이전에 아무리 도와주었어도 지금 도와주지 않으면 원망한다. 참 어려운 사람들이다. 모세를 원망했던 이스라엘 사람들처럼.

그런 상황에 마음을 빼앗기면 제자로 살 수 없다. 거의 매주 예배가 끝난 후 만나서 삶을 멘토링 해주었어도 어느 날 내가 인사를 받아주지 않았다며 원망한다. 그럴 때면 정말 목회를 그만두고 싶다. 그때 '이것은 사람의 문제가 아니라 인도함을 놓쳐서 나오는 자연스러운 반응일 거야'라고 생각한다. 사람을 생각하면 나도 원망이 생길 수 있다. 어떤 상황이 발생해도 인도하심을 놓치면 안 된다. 아무리 당연하고 동정할 만한 욕심이라도 그 끝은 죄다.

원망이 쌓이면 공격이 나온다. 이스라엘 백성들은 모세를 죽이자고 했다. 자신들을 노예의 고통에서 건져낸 지도자이고, 사람 중에 가장 온유한 하나님의 사람이었지만 그를 죽이려고 했다. 가나안 땅에 들어가지 못할 것 같고, 욕심대로 살지 못할 것 같을 때 사람을 죽이려는 공격성이 나온다. 한때 그렇게 무서워하고 의지하고 존경했던 지도자였어도….

자신의 마음 안에서 기쁨과 은혜가 사라지고 자책과 원망과 공격이 나오면 성령의 인도함을 놓치고, 욕심대로 살면 곧 죄를 짓게 될 거라는 걸 알아야 한다. 은혜로운 제자들의 관계 안에서 자신의 상태를 평소에 서로 이야기하고, 어려워질 것 같으면 서로를 점검해주는 것도 좋은 방법이다. 물론 말을 해주어도 그 말을 듣고 새롭게 된다는 보장은 없다. 그렇게 된다면 그것은 오직 은혜로 된 것이다.

일관성의 무너짐 성령의 인도함을 놓치면 인격의 일관성이 무너진다. 훈련의 일관성이 무너진다. 마지막으로 관계의 일관성이 무너진다. 삶에 별 문제가 없을 때 좋았던 사람도 상황이 어려워지고 성령의 인도하심을 놓치면 변한다. 그래서 훈련의 목적은 어려운 상황에서도 인격의 일관성을 놓치지 않도록 돕는 것인지도 모른다. 상황에 따라 욕심대로 마음이 가지 않고, 성령의 인도함을 놓치지 않는다면 예수님 성품의 다스리심 아래 인격의 일관성을 유지할 수 있다.

평소 믿음이 좋던 사람도 상황이 어려워지면 다른 사람이 되어 안 믿는 사람보다 더 못할 짓을 하게 된다. 하나님을 믿지 않기에 당연히 경외함도 없는 사람이 오히려 조금이라도 양심의 가책을 느낄 수 있다. 예수님을 믿고 하나님을 두려워하던 사람이 상황에 마음을 빼앗기고, 욕심대로 행하고, 죄를 짓기 시작하면 더 심각해진다.

우리는 이런 일을 많이 알고 있다. 현재 교회가 겪고 있고 또 세상이 우리를 공격하는 부분이다. 급하면 언제든 횡단보도를 무단으로 건널 수 있는 약한 사람의 양심을 믿고 무언가를 진행하기에 우리는 이미 많은 일을 겪었다. 그렇다고 성령의 인도하심을 따라 훈련되지 않은 내면의 허약함, 언제든 욕심대로 휘둘릴 수 있고 죄를 지을 수 있는 연약한 속사람을 믿기도 어렵다. 자신의 내면에 대한 훈련의 일관성을 유지하는 사람만 그나마 신뢰할 수 있다.

마음대로 했어도 시간이 조금 지나면 성령의 역사하심 안에서 내면을 보고 돌이킬 수 있고, 훈련의 일관성을 지키는 사람은 믿을 수 있다. 그런 사람을 세우는 게 교회가 해야 할 일이 아닌가! 사회에 진정으로 필요한 사람은 자기 마음대로 하지 않고 하나님을 경외하는 사람이다. 교회가 그런 사람을 세울 수 있다면 세상은 다시 교회를 존경하게 될 것이고, 교회는 세상을 새롭게 하는 힘을 갖게 될 것이다.

성령의 인도함을 놓치게 되면 자신의 내면을 훈련하는 일관성도 놓치게 된다. 더 이상 훈련하지 않는다. 훈련을 귀찮아한다. 대화가 되지 않는다. 계속 일관성 없는 말들을 늘어놓는다. 자신을 방어하고, 상황에 떠넘기고 혼자 있고 싶다는 말들이다. 그러다가 떠난다. 자신을 숨길 수 있는 곳으로. 한창 성장하고 상황이 좋아지다가도 이런 일을 겪게 되면 그 허탈함은 이루 다 말할 수 없다.

하나님께서 주시는 은혜 안에서 진실한 대화를 하고 기도하던 관계가 어느 날 없어진다. 성령의 인도하심을 놓친 사람이 갑자기 다른 사람이 되었기 때문이다. 서로의 관계 안에 은혜가 없어지고 진실한 대화가 사라졌다면 누군가 변한 것이다. 당연히 은혜가 없고 진실함이 없는 사람이 변했을 것이다. '누가 더 잘못했는가 혹은 누가 더 좋은 사람인가' 하는 것은 그다지 중요하지 않다.

인도하심을 놓치고, 마음이 변하고, 관계가 변했다는 것에 주목해야 한다. 사람의 어떠함보다 성령의 역사하심이 우리의 관계를 주장하시기 때문이다. 인도하심을 더 받는 사람이 좋은 관계를 유지한다. 인도하심을 놓친 사람은 관계도 놓친다. 우리는 사람끼리만 만나고 있는 게 아니라 성령의 인도하심을 따라 예수님의 성품과 능력의 다스리심 안에서 만나고 있기 때문이다.

예수님 중심의 삶 예수님의 성품과 다스리심이 없는 관계, 인간적인 욕구로 만나는 관계가 주는 게 무엇인가? 한때 신앙 안에서 함께 진실한 관계를 유지했던 사람이 전혀 다른 사람이 되어 나타날 때, 함께 있는 게 정말 고통스럽고 슬퍼진다. 물론 내가 인도하심을 놓치고 이상한 사람이 되었는지도 모른다. 계속 기도하게 된다. 나는 어떻게 살고 있고, 지금은 어떠한지….

"목사님, 예전에는 배고파 보이셨는데 지금은 아주 고급스러워 보이세요"

누군가 지나가는 말로 웃으며 말한다. 내가 지금 온전한 상태인지 걱정하게 된다. 보이는 것을 누가 막을 수 있겠는가, 또 그렇게 보였다니 어쩔 것인가. 겸손하게 하나님의 말씀 앞에 나 자신을 비추어 보아야 한다.

우리는 성령의 인도하심을 따를 때만 예수님 중심의 관계의 일관성을 유지할 수 있다. 누군가 인도함을 놓치고 예수님 중심의 삶을 살지 않고 자신의 욕심대로 산다면 은혜로운 관계는 유지되기 어렵다. 교회 안에서 계속 만나야 하는데 관계가 은혜 없이 욕심으로 변해간다면 교회도 그렇게 될 수 있다. 참 괴롭고 힘든 일이다.

교회도 관계도 계속되지만 은혜로운 관계가 유지되지 않고, 성령의 역사하심이 없는 관계로 변한다. 더욱이 과거에 신앙이 뜨거웠을 때 예수님 중심의 신나고 은혜로운 관계를 알고 있다면 그 상실감은 뭐라 말하기 어렵다. 은혜로운 관계가 없어진다는 것은 삶과 교회가 없어진다는 말이 아닐까.

중세 가톨릭은 면죄부를 팔았다. 서로 면죄부를 사고 팔 수 있는 신앙의 내용과 관계의 내용, 면죄부를 팔 수 있는 교회, 예수님의 성품과 능력의 다스리심을 전혀 느낄 수 없는 상태라면 그렇게까지 간다. 예수님의 성품과 능력의 다스리심이 조금이라도 있었다면 그렇게 할 수 없었을 것이다. 사람의 욕심은 뭐든지 악한 쪽으로 변하게 한다.

다루어지지 않고
감추어진 욕심

교제는 힘들어 교회의 한 형제가 어느덧 마흔이 되었다. 아직 결혼하지 못했다. 물론 결혼까지 갈 뻔 했던 이성 교제는 있었다. 안정된 직장도 있고, 집도 준비했고, 차도 있다. 믿음도 좋다. 단지 이성 교제가 힘들 뿐이다. 결혼까지 생각하면서 교제하던 자매와는 결국 헤어졌다. 자매가 부담스럽다는 것이다. 혼자 있고 싶다는 말을 자주 했다. 그는 왜 자주 연락하지 않느냐는 자매의 투정을 힘들어 했다.

헤어지고 나서 꽤 시간이 흘러 다시 교제가 시작되었다. 문제는 과거에 헤어졌던 자매와 겪었던 일이 반복된다는 것이다. 다시 자매가 부담스럽고, 혼자 있고 싶고, 교제가 힘들어졌다.

처음 교제가 시작되면 즐겁게 환영해주고 격려해준다. 본인도 신나서 교회생활을 즐겁게 한다. 그러다가 교제가 힘들어지면 우울해진다. 그리고 결국 교회도 안 나오게 된다. 몸이 아프다고 핑계대지만 마음이 더 아픈 것 같다. 그나마 다행인 것은 자신이 왜 이렇게 반응하는지 고민하기 시작했다는 것이다. 과거에는 자매들이 자신에게 뭔가 부담을 주고, 진짜 자기가 원하는 스타일이 아니었다고 정리하곤 했다. 그러나 이번 기회를 통해 이성 교제뿐만 아니라 직장이나 주변 관계 속에서도 조금만 힘들어지면 마음이 식고 관계를 부담스러워하는 모습을 보게 된 것이다. 다행이다. 자신의 모습과 마음의 반응을 알게 되었으니….

구체적인 마음의 내용 교회도 안 나오고 우울해하니 연락을 안 할 수가 없다. 잘될 때는 행여 방해가 될까 조심하다가 잘 안 되고 무너질 때는 내가 잘못한 것처럼 조심스럽게 도와야 하다니…. 참 돌보기가 힘들다.

현재 어려운 교제를 분석하기는 쉽지 않다. 마음이 복잡하기 때문에 정상적인 사고가 진행되지 않는다. 과거의 교제를 분석하면 더 도움이 된다. 비교적 차분하게 생각을 정리할 수 있고, 또 그동안 생각해온 게 있기 때문이다. 과거에 있었던 상황에서 마음이 식은 이유를 찾아보는 것이다.

마음이 눈에 보이지 않아 잘 모를 것 같아도 마음이 식은 데는 이유가 있다. 단지 자신이 잘 돌아보지 않았을 뿐이다.

교제하던 자매가 형제의 집에 방문을 했다. 형제의 성격상 혼자 사는 집을 잘 가꾸어 놓았을 것이다. 자매가 와서 우연히 했던 말이 마음을 식게 한 것 같다고 한다. 자매는 결혼하면 벽지부터 시작해서 모든 것을 바꾸겠다고 했다. 그리고 웬만하면 자신이 사는 동네로 이사를 왔으면 좋겠다고 했다는 것이다. 그러고 보니 이번 교제에서도 자매가 자기가 사는 동네에 집을 얻자고 했던 말을 들으면서 마음이 식었다고 했다.

형제는 평소에 착한 사람이다. 그러나 자신의 삶에 누군가 개입하거나 손해를 끼친다고 생각하면 급속히 마음이 식는다. 몇 년 동안 내가 밥을 사며 형제를 돌보았다. 그동안 그는 한 번도 밥을 산 적이 없다. 내게도 그가 사소한 손해 때문에 마음을 닫고 훈련을 멈추지 않을까 걱정하는 마음이 있었다.

그가 원하는 교제는 자신이 원하는 스타일의 자매와 자신의 삶을 지키는 선에서 서로 소소한 욕구들을 채워가는 것이다. 그런데 지금까지 만난 자매들은 모두 다 착한 형제를 보고 쉽게 어떤 것들을 말하곤 했던 것이다. 그러면 형제는 마음이 식고 우울해진다. 그가 원했던 스타일의 자매는 그가 필요하면 이용을 하다가 같이 여행을 한번 다녀오고 나서 관계를 완전히 정리했다.

자신이 원하는 자매는 나이 먹고 어둡다며 그를 싫어하고, 원치 않는 자매는 자신의 마음을 어렵게 해서 마음이 식는다는 식이다.

교제를 통해 드러난 마음의 내용 교제가 실패하기 전까지 그는 문제가 무엇인지 잘 몰랐다. 알았더라도 심각하게 생각하고 훈련하려고 하지 않았다. 확실히 젊은 청춘들에게 이성 교제와 결혼은 강력한 훈련의 장소이다. 사실 사랑하는 관계의 친밀함 정도가 되어야 마음의 복잡한 내용들이 일어나고 또 문제가 된다. 친밀하지 않으면 마음의 복잡한 내용이 일어나지도 않는다. 문제가 생겨도 안 보면 그만이니까. 사랑은 아주 섬세하게 마음을 연결해야 지속될 수 있는 것 같다. 마음이 조금만 어려워도 사랑은 식는다. 아니, 마음이 아프다. 사랑은 사람을 아프게 한다.

혼자 있을 때 아무런 문제가 없던 마음이 사랑을 시작하니 문제가 되기 시작한다. 자신이 손해볼 것 같으면 도망가고 싶어 한다는 것을 보게 된다. 그러면 손해 보는 상황마다 도망가면서 상황을 늘 정리할 것인가? 아니면 손해 보지 않을 상황으로 자신의 삶을 충분히 통제할 수 있는가? 아니면 아예 영원히 혼자 지낼 것인가? 손해 보지 않고 자신의 욕심의 경계선을 지킬 수 있는 삶의 공간을 스스로 만들어서 그 안에서만 살 것인가?

그동안 없었던 욕심이 어느 날 갑자기 생긴 게 아니다. 자신의 마음속에 사랑을 하지 못하도록 방해하는 욕심이 계속 있어 왔다. 그것이 진정한 사랑을 하려고 할 때 방해하고 자신의 인생을 계속 붙잡는다. 감추어진 욕심이 마침내 드러난 것뿐이다. 성령의 인도하심은 사랑이다. 우리를 사랑하도록 인도해가신다. 우리가 사랑을 하지 않을 때, 다른 사람의 어떤 모습을 보고 마음이 식어지고 마음의 문을 닫고 사랑하지 않을 때, 욕심을 따라 성령 하나님의 인도하심에 불순종하는 것이다.

사랑이란 무엇인가 하나님의 사랑은 독생자 예수 그리스도를 우리에게 보내주신 것이다. 예수님의 사랑은 우리를 위해 십자가를 지신 것이다. 성경에도 요한복음 3장 16절에 "하나님이 세상을 이처럼 사랑하사 독생자를 주셨으니"라고 말씀하신다. 사랑은 본래 나를 희생해서 다른 사람을 돕는 것이다. 십자가의 사랑인 것이다. 내가 원하는 것을 채우려고 일어나는 흥분된 감정이 사랑이 아니다. 그래서 사랑은 죽음같이 강하고 또 힘든 것이다. 힘드니까 사랑 안 하겠다는 사람은 사랑이 없는 삶, 자기를 위한 욕심만 있는 삶을 살게 된다. 사랑이 없는 삶이 된다.

마음이 식을 것 같은 상황에서 마음이 식지 않고 계속 좋은 마음으로 만나야 교제는 지속되고 결혼생활도 즐겁게 유지된다. 이성교제는 사실 아주 작은 시작에 불과하다. 결혼하고 아이를 낳아 돌보기 시작하면 사람을 좋은 마음으로 계속 잘 섬기는 게 얼마나 어려운 일인지를 알게 된다.

인간은 누군가를 사랑하며 섬기는 게 자연스러운 존재가 아니다. 그렇게 사랑스러운 아이를 낳아도 산후 우울증이 오는 이유가 무엇이겠는가. 세상에서 가장 놀라운 게 어머니의 사랑이다. 그런데 어머니가 우울증에 걸린다. 그것이 사람의 사랑이다. 힘든 게 싫어서 결혼도 안 하고 아이도 낳지 않으면 힘든 일은 줄어들지 모르나 사랑을 경험하기는 어려워진다.

사람이 스스로 계속 좋은 마음을 일으켜 억지로 사랑하는 것은 불가능하다. 그러면 마음에 병이 생긴다. 그때 필요한 게 성령 하나님의 인도하심에 순종하는 것이다. 사람이 스스로의 사랑이나 능력으로 사람을 섬기는 게 아니라 성령 하나님의 인도하심과 능력 안에서 사랑을 해가는 것이다. 하나님은 우리의 마음을 지으셨고, 아시며, 고쳐주신다.

훈련 과목 이전에는 단지 교제가 어렵다고만 생각했다. 그러나 이제는 교제를 어렵게 하는 마음의 내용, 인도하심을 놓치게 만드는 욕심의 내용을 보게 되었다. 손해 볼 것 같은 상황에서도 마음이 식지 않도록 하는 게 훈련의 주요 과목이다.

과거에 형제가 정말 어렵던 삶에서 회복되고 나서 살 만해질 때 부탁을 했다. 이제는 다른 사람을 섬기고, 말이 아닌 행실로 예수님을 증거하는 사랑의 종 노릇 하는 삶을 살아야 한다고. 한 번도 밥을 사지 않아서 "이제 너도 한번 사보라"라고 했더니 나를 피했다. 문제가 해결되었으니 행복한 결혼과 원하는 삶을 살겠다고 했는데 아무 열매 없이 그냥 시간이 흘러 마흔이 되었다. 그래도 다행인 것은 이제라도 자신이 무엇을 훈련해야 할지를 받아들이게 되었다는 것이다.

직장에서도 손해를 볼 것 같으면 도망가는 마음으로 일을 하게 된다. 그래서 어느 정도는 인정을 받지만 중요한 순간에는 인정을 받지 못하고 늦게 승진하는 스스로의 모습에 위축이 되곤 했다. 평소에는 좋은 사람인데 자신이 조금만 손해를 볼 것 같으면 다른 사람이 되니 그런 욕심의 노출이 직장에서 자주 있었을 것이다.

지금은 그런 자신의 모습을 객관적으로 볼 수 있게 되었다. 성령 하나님의 인도하심을 놓치게 만드는 모습을 보고 도망가지 말고 그 순간에도 성령 하나님의 뜻에 순종할 수 있도록 훈련해야 한다.

> 그 후로는 다시 사람의 정욕을 따르지 않고 하나님의 뜻을 따라 육체의 남은 때를 살게 하려 함이라 **벧전 4:2**

전쟁 중
인도하심 받기

욕심이 부르는 전쟁 감춰진 욕심은 전쟁을 통해 명백해진다. 손해를 볼 때 어떤 사람으로 변하는지 잘 몰랐지만 이성 교제를 하면서 그런 상황이 올 때마다 마음이 식고 사람을 다르게 대하는 자신을 알게 된다. 결혼하고 나면 더욱 어려운 상황이 된다. 많은 남편들이 결혼하고 나서 무언가 손해가 나는 상황이 오면 아내를 사랑하지 않을 이유를 찾는다.

가장 특이한 경우는 아내가 자기 이상형이 아니었다는 경우이다. 처음부터 출발이 좋지 않았다는 익숙한 방어 같지만 그것은 지독한 학대이다. 아내를 학대한다는 사실을 알지 못한다. 아내가 원하는 게 남편의 사랑이라면 "너는 처음부터 내가 사랑할 사람이 아니었다"라는 말은 아마도 가장 나쁜 말일 것이다. 그럼 왜 결혼했단 말인가. 거기서 더 나쁘게 나가면 "그래서 나는 이혼하고 싶다"라고 나서는 것이다. 정말 끝을 모르는 욕심이다. 사람은 손해 본다고 생각하면 지독한 반응을 하기 시작한다.

사랑이 없고 학대가 있는 곳에 전쟁이 일어난다. 원수가 가장 원하는 것이 사랑이 많은 곳에 사랑이 식어지는 것일 것이다. 가정과 교회에서 사랑이 식는 것이다. 그러면 세상은 원수의 공격대로 미움과 학대로 움직이게 될 것이다. 원수가 원하는 기막힌 세상이 된다. 이런 것을 허용해서는 안 된다. 어떤 경우에도 원수가 기뻐하지 못하게 해야 한다.

위험을 보는 게 안전의 시작 공사 현장의 현수막에 걸려 있는 문구이다. 현장 근로자들의 안전 의식을 높이기 위해 걸어놓았을 것이다. 길을 걷다가 우연히 보면서 '저 문구보다 전쟁을 잘 알려주는 것은 없다'라는 생각이 들었다. 위험이 어디에서 일어나고 있는지 정확히 본다면 안전을 향한 대책을 강구할 것이다. 사고가 날 수 있는 위험 요소가 있는 곳을 정확하게 보고 있다면 훨씬 안전을 담보할 수 있을 것이다.

전쟁도 마찬가지이다. 내게 일어난 일이 전쟁인 줄 알기만 해도 이미 승리를 향해가고 있다는 것이다. 공사 현장의 문구를 전쟁에 대입해서 바꾸어본다면 '전쟁을 보는 게 승리의 시작이다'일 것이다.

내 욕심을 이루고 싶은 마음에 전쟁이 일어난 것을 잘 알지 못한다. 귀찮은 전쟁을 정면으로 본다는 것은 싫은 일이다. 그래서 무언가 방해가 있는 듯하지만 그냥 '어떻게 되겠지' 하는 마음으로 일을 진행하다가 막히면 괴로워한다.

> 근신하라 깨어라 너희 대적 마귀가 우는 사자같이 두루 다니며 삼킬 자를 찾나니 **벧전 5:8**

근신하고 깨어 있다는 게 무엇인가? 전쟁을 벌이는 원수가 있다는 것을 알고, 군인이 적을 보며 초소를 지키듯이 벌어지는 전쟁을 보고 있어야 한다. 무심결에 습관처럼 별 생각 없이 당연하게 했던 일들이 나중에 낭패가 되는 경험을 많이 했다. 항상 방해를 받을 수 있다는 생각을 하고 조심스럽게 믿음으로 상황을 정리하고 진행해야 한다.

불의의 습격은 깨어 있지 않고 근신하지 않을 때 일어난다. '아, 이게 원수의 방해이고 전쟁이구나' 하는 강한 마음만 먹어도 승리를 향해 나아가게 된다. 전쟁인 줄 모르면 계속 상황만 보고 대응하게 되고, 인간적인 실수를 하게 된다. 그러나 전쟁인 줄 알면 인간적인 대응은 사라지고 하나님의 뜻을 따라 말과 행동을 하게 된다. 전쟁은 우리가 더욱 하나님을 의지하게 만들어준다.

욕심껏 행복한 가정을 이루겠다고 하다가 욕심이 서로 부딪칠 때 사랑하지 않아야 할 이유를 찾으면서 함께 망해가는 것은 안 된다. 사랑이 식을 만한 일들은 가정 안에서 항상 일어난다. 그때 정신을 차리고 '이것이 전쟁일 수 있다'라고 생각해야 한다. 그렇지 않고 단지 아내나 남편이 잘못했다고만 생각하면 사랑은 금방 식는다. 그러면 전쟁은 잊어버리고 서로 나쁘다고 싸우기만 한다.

전쟁을 분별하고 그에 맞게 예수님의 성품 안에서 인도함을 받으면서 움직이기 시작해야 한다. 한 사람만 깨어 있어도 원수는 움직일 수 없다. 원수는 자신의 속임수가 드러나면 현저히 약해진다. 원수는 악한 자신이 광명한 천사처럼 보이기를 원한다. 그래서 진실이 드러나는 것을 가장 두려워한다.

예수님은 말씀하셨다. 원수는 거짓의 아비이다. 원수가 속이고 있다는 것을 보기만 한다면 만천하에 그의 악함이 드러나고 아무것도 할 수 없게 된다. 어둠은 빛을 싫어한다. 진실은 빛이다. 진실은 어둠을 쫓아낸다.

내부의 하나 됨 전쟁이 일어났다는 게 감지되면 가장 먼저 함께하는 사람들과 하나 됨을 지켜야 한다. 물론 공격의 가장 중요한 부분은 내부의 하나 됨을 지키지 못하도록 하는 것이다. 전쟁은 비상한 상황이다. 그러니 하나님의 인도하심을 따라 전쟁을 승리로 이끌어야 하는 사람은 전쟁 중에 일어나는 같은 편 사람들의 이러저러한 모습을 마음에 담지 말아야 한다.

'이것은 전쟁이다. 우리는 함께 싸워야 한다'라는 생각으로 전쟁을 염두에 두고 사람들을 대해야 한다. 전쟁에 승리하자면 반드시 함께하고 있는 사람들과 하나 됨을 지켜야 한다. 각자 마음이 나뉘면 원수는 물러가지 않는다. 하나님의 성품으로 승리하고, 선으로 악을 이기려면 분열을 막아야 한다.

전쟁을 치르고 있는 사람은 전쟁을 모르는 사람들이 자기 마음대로 생각하고 함부로 말하고 행동하는 것과 그를 이용하여 공격하는 원수의 방해를 모두 다스려야 하는 부담이 있다. 먼저 함께하는 사람들을 하나님의 성품 안에서 돌보고, 때로는 진실함으로 가르쳐서 분열을 막고 원수를 대적해야 한다.

물론 가장 좋은 것은 공동체에 함께하는 사람들이 전쟁을 이해할 수 있도록 영적인 안목을 기르는 것이다. 전쟁을 모르는 사람들이 욕심껏 문제를 일으켜도 더욱 큰 적은 원수라는 것을 잊어서는 안 된다. 원수는 대적해야 하고 욕심을 부리는 사람들은 가르쳐야 한다. 원수의 방해를 대적하는 집중력이 있어야 사람들도 가르칠 수 있다.

원수를 무찌르기 위해 못할 것은 없다. 하나님의 뜻을 따라 지도자가 겸손하게 자신을 내려놓고 함께하는 사람들이 욕심이 아니라 전쟁에 눈을 뜨게 만들기 위해 무엇이든 할 수 있어야 한다. 전쟁을 이겨야지 자신을 지키려고 하면 안 된다. 때로 욕을 먹고, 의심을 받고, 원망을 들어도 전쟁에서 승리해야 한다. 그 모든 과정에 우리가 어떤 사람인지 주인 되시고 대장 되신 예수님께서 보고 계실 것이다.

전쟁을 피하고 함께하는 사람들의 욕심을 방치하여 자신을 좋은 사람인 양 지키는 사람은 공동체를 무너뜨린다. 그는 예수님의 종이 아니다. 우리는 다 예수님의 종이다. 종이 몸을 사리면 주인의 뜻을 이룰 수 없다. 종은 오직 주인을 위해 무엇을 했는가로 평가받는다.

가정에서 남편은 전쟁을 수행하는 리더가 되어야 한다. 물론 남편이 믿지 않는다면 믿음이 있는 아내가 해야 할 때도 있다. 전쟁을 수행하고 가정을 지켜야 할 사람이 욕심대로 한다면 가정은 지켜지지 않는다. 가장 먼저 욕심을 내려놓아야 한다. 자기가 그리는 이상적인 가정, 보통은 자기 욕심이 이루어진 가정의 형태이다. 그것을 내려놓아야 전쟁을 수행할 수 있다.

전쟁은 자신의 욕심을 내려놓는 것이다 전쟁은 욕심을 내려놓은 사람이 다른 사람의 욕심을 부추기고 하나님의 일을 방해하는 원수와 싸워 무찌르는 것이다.

전쟁은 원수의 방해가 없어진 다음 욕심을 가진 사람이 욕심이 아니라 하나님의 뜻대로 살도록 이끌어가는 것이다. 전쟁이 일어나면 가족 중 어떤 사람의 행동에도 전쟁을 염두에 두고 잘 반응해야 한다. 물론 쉬운 일은 아니다. 그러나 승리하면 그 대가가 아주 달

콤하다는 것을 알아야 한다. 가족들은 아빠와 남편을 깊이 신뢰하며 믿고 따르게 된다. 남편들이 가장 원하는 건 가족들에게 인정과 존경을 받는 것이다.

말씀과 기도로 하는 전쟁 말씀에는 하나님께서 어떤 분이시며 예수님께서 어떻게 승리하셨는지가 기록되어 있다. 우리는 말씀을 붙잡고 전쟁의 날에 약속된 승리를 선포해야 한다. 전쟁이 심할 때 시편을 읽는 것은 참 효과적이다. 마음이 쉬지 못하고 몇 날을 밤새 시달리다가도 시편을 읽고 복음서를 읽으면 마음이 다시 강건해짐을 느낀다. 말씀은 성령의 검이다. 전쟁의 날에 우리 자신을 지킬 수 있게 해주시고, 원수를 무찌르게 한다.

말씀으로 힘을 얻고 기도해야 한다. 아직 전쟁이 끝나지 않고 괴롭힘을 당하고 있다 할지라도 먼저 기도로 승리를 경험해야 한다. 상황이 어렵고 마음이 힘들 때 마음이 강건해지고 평강해질 때까지 기도를 한다면 전쟁은 이미 믿음의 통제 안에 들어와 있게 된다.

> 너희는 믿음을 굳건하게 하여 그를 대적하라 이는 세상에 있는 너희 형제들도 동일한 고난을 당하는 줄을 앎이라 **벧전 5:9**

전쟁의 상황이 주는 답답함과 괴로움을 말씀과 기도를 통해 믿음으로 바꾸어야 한다. 말씀과 기도를 통해 마음이 믿음으로 무장

되기 시작하면 원수는 쫓겨가고, 전쟁은 물러가며, 마음과 삶에 평강이 가득하게 된다.

가족들은 서로 영향을 주고받는다. 전쟁 중에는 서로 민감해서 무언가 폭발할 것 같은 긴장이 들고, 부부 싸움이 곧 일어날 것 같고, 자녀들을 향해 화를 낼 것 같은 상황들이 생긴다. 그때 필요한 게 말씀과 기도이다. 말씀을 읽고 기도를 하면 다시 마음이 평강해진다. 전쟁 중이라도 남편이 말씀과 기도 안에서 평강하다면 승리할 수 있다. 전쟁은 그냥 물러가게 된다. 심지어 전쟁이 일어나지도 않는다. 싸우지 않고 승리하는 게 가장 훌륭한 전략이다. 아이들은 부부 관계를 살핀다. 부부가 화목하고 행복할 때 아이들도 행복하다. 행복은 은혜로 하나 될 때 비로소 가능하다.

인도함 받으면서 문제 풀어가기 오랫동안 부부는 시달렸다. 서로의 문제를 안고 있었고, 빚도 있었다. 그러나 점점 화목하게 되고, 예수님의 제자로 살게 되었다. 참 많은 시간이 걸렸다. 그런데 어느 날 다시 두 사람의 상태가 심상치 않았다. 주일 예배 때 힘든 모습으로 앉아 있었다. 처음 교회에 올 때는 매주 그런 모습이었다. 드디어 어느 주일 예배가 끝나고 나를 찾아왔다. 아주 익숙하다. 교회 식구들 중에 가장 많이 대화하고 돌본 사람들이다.

아직 아이가 없는 두 사람은 24평 아파트에서 행복하게 살고 있었다. 그러다 아내가 30평대 아파트에서 살고 싶다고 남편에게 말하기 시작했다. 물론 층간 소음 등의 이유가 있었지만 "언제 우리는 30평대 아파트에 사느냐"라고 남편에게 떼를 썼다는 것이다. 항상 일은 그렇게 시작된다. 아내가 욕심을 부린다. 남편은 그런 아내를 피한다. 욕심이 진행되다가 일이 잘못되고 문제에 빠진다. 남편은 아내를 사랑하지 않을 이유를 찾고, 부부는 힘들어진다.

살고 있는 아파트가 팔리기도 전에 30평대 아파트를 2천만 원의 계약금을 걸고 매매 계약을 했다. 문제는 지금 살고 있는 집도 대부분이 빚이기 때문에 더 많은 빚을 내야 한다는 것이고, 일이 안 되려고 했는지 부동산 업자가 금방 나갈 거라고 했던 살고 있던 집은 아무도 찾아오지 않았다. 우리는 밤 11시가 넘어서까지 맥도날드에 앉아 있었다.

나는 화가 났다. 도대체 왜 이런 계약을 하고 문제가 이렇게 되도록 무엇을 했는지 그동안 훈련한 게 다 어디로 갔는지…. 그러나 두 사람의 상황과 모습이 엄중했다. 나는 남편에게 말했다. 2천만 원을 손해 보고 좋은 교훈으로 삼자고. 남편의 얼굴이 파래진다. 조그만 물건을 사도 이것저것 따져보고 손해를 보면 자신이 멍청한 사람이라고 자책하는 친구이다. 물건을 잘 사는 것을 자신의 지혜로움으로 생각하는 사람이 2천만 원을 손해 보다니! 남편은 아주 괴로운 목소리로 작게 말한다.

"마이너스 통장에서 대출로 만든 거라서 만약 손해를 본다면 참 힘들 것 같아요."

갈수록 기가 막힌다. 도대체 훈련하는 이유가 뭘까? 제자훈련은 사람들의 삶의 선택과 결정에 무슨 영향을 미치고 있는 것일까?

내가 말했다. 지금 가장 큰 문제는 서로 사랑하지 않는 거라고. 전에도 아내는 욕심으로 재정적 실수를 한 적이 많이 있었지만 이번처럼 심각한 경우는 처음이다. 이미 그녀는 미안한 마음에 깊은 자책으로 많이 무너져 있는 상황이었다. 남편은 아내를 향한 사랑이 식고, 아내가 또 재정 문제를 일으켰다고 원망하는 것 같았다. 내가 말했다.

"아내를 사랑하는 게 2천만 원 어치가 안 되잖아! 아내를 사랑하는 게 그보다 싸냐고! 지금 아내를 사랑하는 것보다 2천만 원이 더 중요한 상황이잖아."

남편은 처음 듣는 말에 움찔한다. 착한 남편이다. 금방 후회하는 얼굴이 된다. 아내는 비로소 살아난다. 울컥하는 표정이다.

본격적인 멘토링을 시작한다. 먼저 서로 사랑을 회복해야 한다. 사랑은 모든 욕심을 물러가게 만든다. 욕심이 없다면 문제는 비교적 간단해진다. 손해를 보겠다는데 문제가 될 게 없다. 두 사람이 사랑을 회복하고 말씀을 읽도록 권면했다. 잠언을 읽어보라고 했다. 나중에 자매가 잠언에 미련한 여자는 집을 허문다고, 자신은 미련한 것 같다며 울듯이 말한다. 남편은 하나님을 경외해야 한다는 것을 다시 깨닫는다.

그리고 다른 부동산 업자를 찾아가서 객관적인 조언을 들어보라고 권면했다. 이미 두 사람이 기존의 부동산 업자를 불신하고 있었고, 계약한 집이 제2금융권에 근저당까지 포함해서 90퍼센트 가까이 저당이 잡혀 있었다. 남편은 다른 부동산 업자에게 잘 물어보지 않고 잘될 거라고 말해서 다시 나를 흥분하게 만든다. 남편은 자신을 다시 깨뜨린다. 자신의 뒷주머니에 계약한 집의 등기부등본을 가지고 물어보고 싶었지만 그러면 왜 이렇게 어리석은 계약을 했느냐고 할 것 같아서 그냥 자신이 원하는 대답만 들었다는 것이다.

"네 똑똑함은 손해 보지 않는 데 있는 게 아니라 하나님을 경외함에 있는 것이다"라고 설득한 결과의 깨뜨림이다.

일을 처리하며 순간순간 문자가 왔지만 두 사람이 기도하면서 할 수 있도록 특별한 답장이나 멘토링을 하지 않았다. 결국 살던 집이 잘 팔려서 30평대 아파트로 이사를 갔다. 물론 부부는 더욱 서로를 이해하고 소중하게 여기게 된 듯하다. 서로의 욕심을 보았으니까. 서로 하나 되고 사랑하는 것의 결과를 보았으니까.

욕심의 특징

욕심은 유혹이다 '욕심'이라고 하면 내가 원하는 대로 무엇인가를 하기 위해 나쁜 짓을 서슴없이 저지르는 것이라고 생각할 수 있다. 욕심이라는 어감은 나쁘지만 사실 욕심이 우리에게 다가올 때는 아주 좋은 것처럼 다가온다.

돈을 많이 벌어서 잘살아보자는 게 욕심이다. 왜 이게 욕심인가. 요즘 세상은 부유하게 잘사는 것을 자랑스럽게 여긴다. 혹 유교적인 전통 아래 돈을 천시하며 스스로 가난을 선택하여 선비로 사는 것을 우러러볼 사람이 있을까.

본래 욕심은 '하나님의 뜻을 거스르는 내 뜻'이다. 만약 하나님께서 재정을 풍성하게 주시고 축복하셨다면 욕심이라고 할 수는 없다. 그런데 우리의 삶 속에서 돈을 많이 벌자는 것은 대부분 하나님의 뜻이 아니라 내 뜻이다. 돈은 하나님을 성실하게 따랐던 결과로서 주시는 축복인 경우가 많다. 그러나 우리는 항상 순서를 바꾼다. 돈을 많이 주시면 복을 받고 성공한 것이고, 돈이 없으면 복을 못 받고 실패한 것이다. 이것이야말로 욕심이다.

그래서 욕심에 이끌린 사람은 하나님의 뜻과 상관없이 돈 자체를 추구하게 된다. 돈을 많이 벌기 위해 하나님과의 관계를 생각한다. 그런 욕심이 관계를 변하게 만든다. 욕심 때문에 가장 먼저 망가지는 게 관계이다. 주변의 모든 관계를 자신의 욕심을 이루는 것 중심으로 만들어간다.

욕심으로 돈을 벌게 되면 문제가 심각해진다. 그렇게 돈을 번 사람의 삶의 어디에 하나님을 경외함이 있겠는가. 또 그렇지 못하면 어떻게 되는가. 그동안 그런 삶을 많이 보았다. 돈은 더 없어지고 빚만 늘고 삶은 무너지며 끝내 포기하게 된다. 욕심이 우리의 삶을 이끌어간다. 그 출발은 돈을 많이 벌어서 잘살아보자는 거였다. 욕심으로는 하나님의 도우심을 받기 어렵다.

계속 자신의 욕심으로 신앙생활을 하는 사람은 언젠가는 그 욕심이 마주하는 차가운 현실을 만나게 된다. 물론 그때 또 다른 욕심으로 상황을 모면하겠지만 어디에도 하나님의 보호와 인도하심은 없다. 욕심이 무서운 괴물처럼 다가올 거라고 생각하지 말라. 그것은 달콤한 유혹으로, 내 욕구에 딱 맞는 모습으로 다가온다.

욕심은 스스로 통제되지 않는다 욕심이 잉태한 즉 죄를 낳고 죄가 장성한 즉 사망을 낳는다(약 1:15). 욕심은 우리를 사망에 이르게 한다. 욕심의 길로 들어서면 사망으로 가기까지 멈출 수 없게 된다. 아무리 노력해도 능숙하게 선한 삶을 살기는 쉽지 않다. 늘 결심이 필요하다. 그러나 내 욕심대로 행하는 악한 일은 내가 하지 않으려고 해도 더욱 나쁜 길로 우리를 빠르게 이끌어간다.

그래서 성경은 "성령을 따라 행하라 그리하면 육체의 욕심을 이루지 아니하리라"(갈 5:16)라고 말씀하신다. 욕심을 자기 스스로 어떻게 해보려는 것은 성경적인 사고방식이 아니다. 성경 말씀대로 하나님의 뜻을 구하고 순종할 때 욕심을 다룰 수 있다. 하나님의 뜻 없이 자신의 욕심을 다루고자 하는 사람은 방향을 잘못 잡은 것이다.

하나님의 뜻을 추구하고 그분이 주시는 은혜의 삶을 살면 욕심을 다루고 죄를 멈출 수 있다. 다윗처럼 놀라운 성취를 한 사람도 한순간의 죄의 나락으로 떨어진다. 인생이 잘되기 위해 많은 노력을 기울여야 하지만 모든 것이 한순간에 물거품이 되는 것은 의외로 간단한 죄 때문이다. 그래서 우리는 반드시 욕심을 다루어야 한다. 욕심과 죄를 다루는 삶은 우리의 날을 길게 해준다.

욕심이 무서운 것은 스스로 멈추기 어렵다는 것이다. 다윗처럼 어마어마한 복과 훈련을 받고 시편까지 기록한 하나님의 사람이라 할지라도…. 하물며 만날 욕심대로 하는 우리는 더 말할 게 없다.

아무리 훌륭해도 욕심에 들어서면 사망에 이른다. 아무리 보잘것없어도 하나님의 뜻에 순종하고 욕심을 다루면 인도함 받는 청결한 삶을 살 수 있다. 하나님께서는 우리를 외모로 보시지 않는다. 사람의 업적이 아무리 대단하다 하더라도 그가 욕심대로 하는지 하나님의 뜻대로 하는지를 보신다.

욕심은 본성적이다 내가 원하는 상황에서 편안하게 있고 싶다. 이런 욕구가 잘못된 것은 아니다. 이것을 이룰 수만 있다면 욕구에 방해되는 것은 혹 그것이 하나님의 뜻이라고 할지라도 거절하는 게 사람이다. 사람이 잠을 자는 것은 본성이다. 만약 맨바닥에서 자거나 이불은 있는데 베개가 평소와 맞지 않는다거나 조금이라도 불편하면 사람은 항상 마음과 몸을 쓴다. 불편해도 그대로 잘 수 있지만 조금만 시간이 지나고 생각할 수 있다면 조금이라도 편하게 자기 위해 끊임없이 애쓰는 것을 볼 수 있다. 그것이 인간의 본성이다.

이처럼 욕심은 본성이기에 그것이 낳는 죄도 본성이고 사망에 이르는 것도 어쩌면 당연한 것이다. 적어도 사람에게는 집에 갈 때 조금이라도 빠르고 편한 길로 가려는 본성이 있다. 아주 가끔 특별한 기분이 들어서 돌아서 갈 수는 있지만 우리는 본능적으로 빠르고 편한 길로 간다. 그래서 그런 길에서 벗어난 상권商圈은 죽는다. 장사가 잘되지 않는다. 사람은 빠르고 편한 길로 가기 때문이다. 참 무섭다.

해를 보지 못하는 식물처럼 인간은 그 본성에서 벗어나면 반응하지 않는다. 불편을 감수하는 건 어떤 사람, 특정한 상황에서는 가능해도 대다수의 사람에게나 평범한 상황에서는 불가능하다. 그것은 지속적이고 아주 익숙하며 평범하다.

매일 출근할 때 가는 길에는 어느 누구도 의미를 부여하지 않는다. 자신의 욕심에 어떤 의미도 부여하지 않는다. 그것은 아주 익숙하고 당연한 것이기 때문이다. 사람은 다 그렇다. 익숙한 본성대로 살면 하나님의 뜻에 불순종할 수밖에 없다. 자연스럽게 사망이 삶에 들어올 수 있다. 하나님의 뜻에 불순종하고 거스르는 욕심을 잘 분별할 수 있어야 한다.

자연스럽고 평범하며 익숙하고 지속적인 욕심을 정직하게 볼 수 있다면 죄도 훨씬 효과적으로 다룰 수 있다. 사람이 죄를 즐기려면 욕심과 죄를 아주 일상적인 인간의 본성으로 이야기하고 받아들이면 된다. 하지만 죄를 끊고 싶다면 욕심을 하나님께서 주시는 뜻을 따라 볼 수 있어야 한다. 사실은 그것이 인간의 본성이다. 하나님의 뜻으로 자신이 욕심을 볼 수 있는 유일한 존재이다.

욕심은 욕심끼리 붙는다 권력에 욕심이 있는 사람은 그 욕심에 동의하고 권력을 나누자는 사람들과 붙는다. '붙는다'는 표현을 쓰는 이유는 사람은 웬만하면 다른 사람의 욕심에 휘둘리지 않으려고 하는데 욕심에 맞으면 쉽게 과거를 묻지 않고 하나가 되기 때문이다.

욕심으로 하나 되는 관계는 그것이 깨지기 전까지는 얼마나 단단한지 모른다.

돈을 벌겠다는 사람은 돈을 벌고자 하는 욕심을 가진 사람과 하나가 된다. 다른 사람을 욕하고 모함하는 사람은 동일한 목적을 가진 사람과 하나가 된다. 심지어 과거에 서로 적이었어도 지금 욕심이 맞으면 얼마든지 하나가 될 수 있다.

만약 욕심으로 다가오는 사람에게 하나님의 뜻으로 다가가보라. 반드시 그 관계는 깨진다. 하나님의 뜻으로 하나 된 관계도 있지만 욕심으로 하나 된 관계도 있다는 것을 알아야 한다. 하나님의 뜻을 따라 사는 삶이라면 외로움을 각오해야 한다. 그런데 외롭다고 욕심에 굴복하고 하나님의 뜻에 불순종하면 죄가 삶에 들어온다. 그렇다고 다른 사람의 욕심을 판단하고 정죄하라는 게 아니다. 남의 욕심을 다루는 법을 배워야 한다.

남의 욕심에 굴복하지도 않고, 하나가 되지도 않고, 하나님의 뜻을 포기하지 않고도 같이 있을 수 있는 법을 배워야 한다. 그것은 간단하다. 성령의 인도하심을 받으면 된다. 어느 쪽으로도 치우치지 않고, 하나님의 보호하심을 받을 수 있고, 사람들에게 미움을 받지 않을 수 있다. 그러나 가끔 혹은 자주 하나님의 뜻에 순종하다가 미움받을 것을 각오해야 한다. 성경은 예수님을 따르기 때문에 모든 사람이 우리를 미워할 수 있다고 말씀하신다.

욕심을 스스로 알기 어려운 이유 사람의 마음의 내용은 알기 어렵다고 성경은 말씀해주신다. 잠언은 사람의 마음이 깊은 물과 같다고 말씀하신다.

> 사람의 마음에 있는 모략은 깊은 물 같으니라 그럴지라도 명철한 사람은 그것을 길어 내느니라 잠 20:5

깊은 물과 같은 마음을 알고 돌아볼 수 있는 사람은 명철하다고 성경은 우리에게 알려주신다. 마음 안에 있는 모략이나 욕심은 분별하기 어렵지만 하나님께서는 우리에게 깨닫는 마음을 주신다. 신명기 29장에서 하나님께서는 모세를 통해 이스라엘 백성들에게 말씀하신다. 하나님께서 이스라엘을 바로의 압제에서 구하시기 위해서 행하셨던 일, 이적과 큰 기사를 이스라엘 백성이 보았다는 것이다. 그러나 주시지 않은 것이 있다.

> 그러나 깨닫는 마음과 보는 눈과 듣는 귀는 오늘 여호와께서 너희에게 주지 아니하셨느니라 신 29:4

하나님께서 행하신 놀라운 일들을 보았어도 깨닫는 마음을 주셔야 내 욕심보다 하나님의 뜻을 우선시할 수 있다. 이스라엘 백성들은 광야에 나와서 물이 없자 바로 하나님께서 그들을 돕지 않으신다고 원망하기 시작한다. 홍해를 가르시고 이스라엘 백성을 구원해 내신 하나님의 역사에 대해 깨닫는 마음이 없다. 당연히 자신이 어떤 일을 행하고 있는지 알 길이 없다. 깨닫는 마음이 있어야 비로소 하나님이 행하신 일에 대한 안목이 생긴다. 그래야 내 욕심을 속히 실행하려고 하지 않고, 하나님의 뜻을 경청하고자 하는 귀가 생긴다. 하나님께서 주시는 깨닫는 마음을 받아야만 한다.

마음이 청결한 자는 복이 있나니 그들이 하나님을 볼 것임이요 마 5:8

예수님께서 말씀하신 하나님을 본다는 의미는 무슨 뜻일까? 마음이 청결한 것과 하나님을 보는 것이 연결되어 있는 것으로 보아 청결한 마음으로 하나님을 본다는 의미일 것이다. 신명기 말씀을 기억한다면 하나님의 역사하심에 대한 마음의 깨달음이 아닐까 싶다. 디모데후서에는 “청년의 정욕을 피하고 주를 깨끗한 마음으로 부르는 자들”이라고 말씀하신다. 하나님을 볼 수 있다는 것은 우리의 육안으로 본다는 의미로 쓰이지 않았다.

성경은 우리가 청결한 마음으로 하나님을 볼 수 있다고 말씀하신다. 그런데 그 마음은 하나님께서 주신다. 눈으로 홍해를 가르는 것을 보았어도 자신의 욕심에 붙잡힌 이스라엘 백성들은 하나님을 볼 수 없었다. 하나님을 볼 수 있는 청결한 마음, 욕심을 피한 그 마음을 하나님께 받아야 한다. 그것을 받지 못하면 광야의 이스라엘 백성들처럼 결국은 욕심 때문에 광야에서 죽고 만다.

내 욕심은 가나안을 사라지게 만든다. 본래 광야에서 죽기 위해 이집트에서 나온 게 아니다. 젖과 꿀이 흐르는 가나안 땅에 가서 내가 심지 않은 것을 거두고, 내 땅에서 부요하게 사는 은혜가 가득한 삶으로 부르심을 받았다. 하나님의 역사를 깨닫는 마음을 받지 못하고, 욕심에 붙잡힌 마음이 우리를 가나안에 가지 못하고 광야에서 죽게 만든다.

자신의 욕심을 찾는 유효한 방법 방어하지 말아야 한다. 자신의 욕심과 하나님의 뜻 사이에서 혼란스러울 수도 있다. 그러나 많은 경우에 내 뜻을 이루고 싶은 욕심을 감추고 잘 모른다고 하는 경우도 있다. 자신의 욕심을 알고자 한다면 자신이 욕심으로 행하는 사람이라는 것을 수치스러워하거나 부끄러워해서는 안 된다.

수치심을 느끼는 것은 건강한 것이지만 자신의 욕심을 방어하기 위해 수치를 당하지 않으려고 한다면 아무도 그에게 수치심을 주지 않음에도 스스로 정직하지 않을 수 있다. 자신의 마음을 누가 안단 말인가. 욕심을 알려고 하고 다루려고 해야 비로소 가능성이 보인다. 자신을 좋게 보이기 위해 방어하면 아무것도 할 수가 없다. 욕심을 스스로 알고자 하고 은혜를 구하는 게 좋다. 하나님이 주시는 은혜 앞에서 방어하지 않고 정직하기를 원한다면 반드시 하나님께서 보여주실 것이다.

두 번째는 사소한 것에서 원칙을 찾는 것이다. 그런 삶의 사소한 영역에서 내 욕심은 발동되고 있다. 그런 삶의 영역이라도 원칙은 중요하고, 삶의 모든 영역에 유효하다. 나는 횡단보도를 별 생각 없이 건너다녔다. 대체로 빨간 불에는 멈추고 녹색 불에는 건너갔다. 하나님께서 내 마음을 보시고 계시다는 것을 느낄 때 내 마음에 대한 자각이 생겼다. 가끔 신호등을 무시하고 건너는 내 모습을 보기 시작했다. 왜 건너가는가? 급하니까. 거기서 깨달음이 생긴다.

'아, 나는 급하면 빨간 불이 켜졌어도 길을 건너는 사람이구나.'

스스로 각성하게 된다. 그 후로는 건너편에 타야 하는 버스가 와도 건너지 않게 되었다. 그러다 아이들과 함께 길을 건너게 되면서 문제가 생겼다. 빨간 불에도 자주 길을 건넜다. 그러면 아이들이 지나칠 정도로 화를 낸다. 심지어 아들은 "아빠는 다쳐 봐야 정신을 차릴 거야"라고 말한다. 미안하다며 달랬지만 만날 말만 그렇게 한다고 면박을 준다.

어느 날 딸에게 가르쳐주었다.

"희락아, 빨간 불에 건너는 사람이 많은 것 같아, 신호를 지키는 사람이 더 많은 것 같아?"

딸은 그냥 건너가는 사람이 더 많은 것 같다고 말한다.

"그렇구나, 많은 사람들이 그렇게 건널 때 그들에 대해 어떤 생각이 들어?"

딸은 사람들이 잘못되었다는 생각이 든다고 한다.

"그럼 너는 빨간 불일 때 건넌 적이 있어, 없어?"

아이는 그런 적이 있다고 솔직히 말한다.

"너도 가끔 그러면서 다른 많은 사람들을 판단하고 있는 거야. 아빠는 그것이 조금 걱정이구나. 신호를 지키는 것도 중요하지만 다른 사람들이 어기는 것을 판단하면 더 어려운 삶이 된다는 것도 알았으면 좋겠다."

삶의 사소한 영역에서 욕심의 움직임을 살펴서 알아가야 한다. 딸은 자신의 의로움으로 다른 사람을 판단하는 문제가 있다는 것을 안다. 이 문제로 아이를 아주 크게 혼낸 적이 있다. 다른 친구들을 이전 학교 친구들과 비교하면서 판단했을 때이다.

"희락아, 그것을 하나님께서 얼마나 싫어하시는지 네가 잘 모르는 것 같은데 그건 아주 심각한 문제야."

이후로 아이는 매우 조심한다. 그러나 의외로 그런 문제가 삶 속에 많다는 것을 알아가고 있다. 사소한 일에서 나오는 욕심이나 중요한 일에서 나오는 욕심이 다 내 마음 안에 있다는 것을. 욕심이 작동하는 내용은 같다.

친밀한 관계, 예를 들어 부부 관계나 이성 교제의 관계를 통해 자신의 욕심을 돌아볼 수 있다. 이런 관계 속에서는 상대방의 욕심이 나를 힘들게 하는 경우가 많다. 서로 요구하는 것들이 있기 때문이다. 상대방의 욕구를 느끼면서 그에 반응하는 내 욕구를 알아갈 수 있다. 남이라면 그런 욕구도 알 수 없고, 있다 하더라도 받지 않고 피하면 된다. 그러나 부부 관계나 이성 교제 안에서는 피할 수 없다. 더군다나 매우 친밀한 관계이기 때문에 욕심이 이루어지지 않으면 관계가 틀어지고, 그것이 내게 바로 고통을 준다. 그런 시간에 자신의 욕심을 알게 된다.

마지막으로 내 욕심을 알기 위해서는 내 죄를 보아야 한다. 욕심이 잉태한 즉 죄를 낳는다고 성경은 말씀하신다. 내가 자주 짓는 죄는 욕심이 그 출발이다. 자주 짓는 죄가 나오기까지 내 마음의 움직임을 살펴보면, 내가 원하는 욕심이 무엇인지 알게 된다.

음란함에 빠진 사람을 돕게 되었다. 그 친구가 신뢰할 만한 사람들과 같이 이야기를 하다가 음란한 죄가 나오기까지 마음 안에 있는 내용 중에 정상적인 이성 교제를 통해 자신이 인정받고 싶은 욕구가 왜곡되고 있다는 것을 이야기하게 되었다. 허영심에서 나온 자신이 원하는 삶의 그림이 있는데 그것이 이루어지지 않을 때 죄가 나온다는 것도 알게 되었다.

현재 주어진 삶에 감사하고 인도하심 안에서 장래를 생각하지 않고, 누군가의 모습이 좋아보여서 시작했던 삶이 오랜 시간이 지나서 내 삶이 되지 않을 것 같을 때에도 죄가 나온다. 허영심을 다루고 인정받고 싶은 마음을 정상적으로 다루기 시작할 때 마음은 차분해진다. 인도함을 놓치지 않게 된다. 자신의 죄를 분석하면 그 원인에서 우리는 욕심의 모습을 발견하게 된다.

인도함 받는 삶의 내용

인도함 받는 삶은 사랑이다 부부가 살다 보면 서로 싸우는 때가 있다. 대부분 서로 마음이 맞지 않을 때 일어난다. 남편이 아내의 어떤 모습을 보고 마음에 들지 않아서 사랑하는 마음을 닫고 문제를 지적하면서 아내를 공격할 때 일어난다. 아내가 그 반대로 하는 경우도 있을 것이다. 남편의 어떤 모습이 마음에 들지 않을 때 순종하지 않고 그를 원망한다. 그렇게 싸움이 나면 평소에 가졌던 모든 불편한 마음의 내용들이 한꺼번에 쏟아진다.

부부 싸움을 하면 결코 사랑을 문제 삼지 않는다. 단지 상대방의 어떤 모습이 마음에 들지 않고 괴롭다는 것만 말한다. 자신이 덜 잘못했고 상대방이 더 잘못했으니 나는 사랑하지 않아도 된다는 것이다. 물론 사랑하지 않아도 된다고 말하는 사람은 없다. 다양한 표현을 하는데 그것을 한마디로 하면 "나는 사랑하지 않을게"라는 말로 이해된다.

이러므로 하나님의 자녀들과 마귀의 자녀들이 드러나나니 무릇 의를 행하지 아니하는 자나 또는 그 형제를 사랑하지 아니하는 자는 하나님께 속하지 아니하니라 요일 3:10

사랑하지 않는 것은 하나님께 속한 게 아니다. 상대방이 무슨 일을 했든 나는 마귀에게 속해서는 안 된다. 사랑하지 않아도 될 정당한 이유를 찾고, 사랑하지 않아도 된다고 생각하면 우리는 마귀의 자녀가 된다.

빛 가운데 있다 하면서 그 형제를 미워하는 자는 지금까지 어둠에 있는 자요 요일 2:9

아주 쉽게 우리가 끔찍하게 여기는 원수에게 속하게 된다는 것을 알 필요가 있다. 이상한 괴물이 되는 게 아니라 그냥 사랑하지 않을 이유를 찾아 미워하면 그렇게 된다.

성령의 인도하심은 우리로 하여금 사랑하지 않아도 될 이유를 찾으라고 하시는 게 아니라 원수도 사랑하라고 가르쳐주신다. 형제를 미워하지 못하도록 가르치신다. 우리는 사랑보다 미움이 익숙하다. 그래서 인도함 받는 삶을 놓쳐서는 안 된다. 우리는 익숙한 대로 하나님의 뜻에서 벗어나 마귀에게 속한 마음과 행동으로 살 테니까.

성령의 인도함을 받아 자신의 뜻대로 살지 않으면 마음대로 미워할 수 없게 된다. 아주 큰 훈련이고 정말 어려운 일이다. 내 마음을 내 마음대로 쓰지 못하게 된다. 내 마음을 어렵게 하는 사람을 마음대로 미워하지 못하니 미칠 노릇이다. 정말 힘든 훈련이다. 나는 중간에 타협했다.

'그래, 사랑은 못해도 미워하지는 말자.'

그랬더니 많은 경우에 마음의 극심한 눌림에서 벗어날 수 있었다.

성령의 인도하심은 진실하다 교회 지체 중 한 부부가 명절 때 시댁에 가고 명절 후에는 여행을 가서 2주 동안 교회에 나오지 못한다고 말했다. 나는 어디서든 주일 예배는 꼭 드리라고 권면하고 기도해 주었다. 그런데 무언가 꼬여 있는 듯 시원하지가 않았다. 나중에 연락이 와서는 주일을 지키지 못하는 게 부담이 된다고 했다. 진실하지 않은 느낌이 들었다. 그러면 여행을 가지 않으면 될 텐데….

평소 그 부부에게는 시어머니를 섬기는 게 주요한 훈련 과목이었다. 남편은 어머니와 아내 사이에서 괴로워했고, 아내는 그런 남편을 원망했고, 시어머니는 며느리에게 아들을 빼앗겼다고 분히 여기는 어려운 관계였다. 다행히 자매가 시어머니를 섬기는 제자로 살기 시작하면서 많은 은혜가 있었고, 가정은 평안해졌다.

나는 두 사람의 문제에 끼어들기 싫었다. 목사로서 제일 괴로운 시간이다. 남의 훈련에 도움이 되어야 하고, 가끔은 이용당해야 하기 때문이다. 분명히 둘 사이에 문제가 있는데 나를 이용해서 해결하려는 듯했다. 내가 무슨 말이든 조금이라도 이상하게 하면 둘이 하나가 되어 나를 공격할 것이다. 그동안 개척하면서 부부간의 문제가 있을 때 도우려다 공격받은 일이 한두 번이 아니었다. 목사의 말이 먹히니까 그것을 이용하려다가 갑자기 서로 불쌍히 여기면서 하나가 되어 목사를 공격함으로써 부부간의 사랑이 회복되는 경우도 있었다.

인도함을 놓친 사람들에게 가장 흔하게 나타나는 것은 자신을 좋게 보이려고 진실을 감춘다는 것이다. 진실하지 않은 사람들에게 진실을 이야기하면 낭패를 당하기 쉽다. "우리는 단지 교회를 소중히 여기고, 예배를 드리지 못하는 게 부담스러웠을 뿐이에요"라고 말하기라도 한다면….

진실은 거칠고 거짓은 매끄럽다. 성령의 인도하심 안에 있어야 진실함이 거짓을 깨뜨릴 수 있다. 그러나 인도함을 놓친 사람들은 진실을 부담스러워 하고 진실이 자신을 공격하는 것으로 받아들인다. 이런 과정은 경험을 통해 알고 있었지만 나는 참지 못하고 그들에게 말했다.

"그러면 여행을 안 가면 되잖아. 정말 교회를 빼먹는 게 부담스러운 거야 아니면 시어머니를 만나는 게 부담스러운 거야?"

남편이 정직하게 말해준다. 아내가 시댁에 가는 게 부담스럽다고 해서 약간의 긴장이 있었고, 내 말을 아내가 잘 들으니까 나를 이용하고 싶었다고.

'나 참, 지금까지 같이 훈련한 시간이 몇 년인데 진작 그렇게 말했어야지.'

그래도 진실을 알았으니 다행이다. 스스로 속이지 않게 되었으니. 여기까지가 내가 할 일이다. 인도함을 놓친 사람들을 자신들의 문제에 직면하게 하는 건 정말 힘들다.

결국 부부는 문제에 대해 진실한 기도를 할 수 있었고, 성령님의 인도함을 받는 삶도 회복했다. 부부는 함께 기도하고 즐겁게 시댁에도 가고 여행도 가기로 했다. 예배를 빼먹는 게 부담스럽다는 말은 두 사람이 교회를, 예배를 소중히 여긴다는 말이 된다. 그러나 시어머니를 만나는 게 부담스럽다는 말은 시댁에는 가고 싶지 않고 여행은 가고 싶다는 말이 된다. 나쁜 사람으로 보이고 싶지 않아서 마음을 조작하면 바로 인도함을 놓친다. 스스로를 속이는 거짓으로 인도함 받는 삶을 살 수는 없다.

성령의 인도하심을 받고 열매를 맺으려면 자신의 내면에 진실해야 한다. 그래야 성령님과 동행하는 삶을 살 수 있다. 성령께서는 시댁에 가는 게 부담스럽다고 진실하게 기도할 때 꾸짖지 않으신다. 진실은 하나님의 인도하심 안에서 좋은 방법을 찾을 수 있게 해준다. 진실하신 하나님 앞에서 어떻게 거짓으로 인도함을 받을 수 있겠는가! 진실해야 인도함을 받을 수 있고, 성령의 인도하심은 항상 우리를 진실함으로 이끌어가신다. 하나님은 진실하시다. 그래서 우리가 진실하지 않으면 그분과 동행하는 삶을 살 수 없다.

성령의 인도하심은 청결한 삶이다 청결하다는 것을 사심이 없다는 말로 이해하고 싶다. 사적인 욕구로 무언가를 도모하지 않는 깨끗한 마음을 청결하다고 표현하고 싶다. 성령께서 우리를 이끌어가실 때는 항상 청결하다. 성령의 인도하심 안에는 어떤 욕심도 없다. 하나님의 뜻은 청결하다. 인간의 사적인 욕구 같은 게 없다는 것, 청결하다는 게 하나님 뜻의 특징이다.

그래서 안심할 수 있다. 하나님은 항상 우리를 먼저 생각해주시고, 우리를 이용하지 않으신다. 인간은 자신에게 도움이 되는 게 아니면 반응하지 않고, 필요하다면 주변과 사람을 이용한다. 그러나 예수님께서는 자신을 희생하셔서 우리를 살려주신다. 그것이 인도함 받는 삶의 특징이다. 하나님의 인도하심은 선하신 하나님의 뜻을 이룬다.

인도함을 받는 삶은 성령님의 뜻을 따라 내 뜻을 내려놓는 삶이다. 그래서 성령의 인도함 받는 삶을 살면 내 뜻을 내려놓는 게 몸에 배게 된다. 삶 속에서 내 뜻이 줄고 하나님의 뜻이 많아질 때 삶이 청결해질 수밖에 없다. 자신의 삶을 통해 욕심을 이루겠다는 뜻을 내려놓게 되고, 다른 사람과도 내 욕심을 이루기 위해 관계 맺지 않게 된다.

하나님의 뜻을 이루는 삶이 되고, 그분의 뜻을 이루는 관계를 맺어가기 시작한다. 사사로운 욕구가 없어지며, 삶이 청결하고 생명의 생수가 풍성해진다. 그런 삶을 만날 때 다른 사람도 시원함을 느낄 것이다.

더러운 욕심이 난무할 때 청결하게 하는 것은 성령 하나님의 인도하심을 따라서 살 때 가능하다. 어떤 사람이 성령님의 인도하심을 받는다면 그는 반드시 사심이 없이 하나님을 높이고 다른 사람을 세우는 청결한 삶이 된다. 하나님의 뜻과 인도하심 안에 자신의 어떤 인간적인 도모를 넣지 않는 삶이다.

교회를 개척할 때 내 몫이 있을 거라고 생각한다면 교회 안에 인간적인 욕구가 난무하고 욕심으로 서로 다투게 된다. 교회는 인간의 욕심으로 어쩔 수 없는 면이 분명히 있다. 그러나 청결한 삶도 분명히 있다. 그런 삶이 더 많다면 아니, 더 적어도 인도하심 받는 삶이 살아만 있다면 맑은 샘물이 흘러서 완전히 썩는 것을 막을 수 있다.

성령 하나님의 인도하심을 받는 삶을 사는 사람을 통해 그분의 청결하심의 생명이 교회와 세상에 흘러오게 된다.

"인간적인 욕구들을 정화시키는 정결하신 하나님이여, 오소서.

우리를 불쌍히 여기소서. 우리와 동행하소서. 우리를 살려주소서."

하나님이 세상을 이처럼 사랑하사 독생자를 주셨다는 것을 나는 믿는다. 지금도 우리의 욕구로 더럽혀진 이 세상을 사랑하사 정결케 하시는 예수님의 십자가 사랑이 우리와 함께하심을.

성령의 인도하심은 자유함이다 성경이 말씀하시는 자유는 예수님을 믿음으로 말미암아 은혜로 죄를 용서받고 누리는 자유이다. 성경은 우리가 그런 자유를 누린다고 말씀해주신다.

> 주는 영이시니 주의 영이 계신 곳에는 자유가 있느니라 고후 3:17

우리의 죄를 향해 예수님께서 베푸신 은혜, 우리가 대가를 지불하지 않은 용서는 우리를 자유롭게 한다. 그래서 예수님을 믿고 성령의 인도하심을 받는 삶을 살게 된다면 우리는 자유를 누리게 된다. 예수님 앞에서 두려움 없이 자유할 수 있고, 자유로운 삶 속에서 두려움 없는 은혜를 누릴 수 있고, 도움을 받을 수 있다. 예수님을 만날 때마다 우리는 자유함을 느낀다. 성령께서 우리가 그분을 닮아가도록 이끄실 때 점점 자유를 더 누리게 된다.

남을 섬기지도 않고 계속 내 마음대로 죄를 짓는 것은 자유가 아니다. 그것은 방종이다. 내 죄를 해결해주신 예수님을 믿음으로 막힘없는 관계 안에서 주어지는 것이 자유이다. 마음껏 죄를 짓던 사람이 자신의 죄에 대한 도전을 받을 때 자유가 없다고 말하면 안 된다. 그것은 자유가 없는 게 아니라 죄에 대한 도전을 받는 것이고, 자신의 죄를 회개해야 하는 상황이다. 죄가 있다면 자유할 수 없다. 죄에게 종 노릇을 하는 죄의 종이 어찌 자유로울 수 있는가. 예수님을 믿을 때 우리는 죄를 용서받음으로 자유할 수 있다.

성령의 인도하심을 따를 때 회개로 나아가게 된다. 내 죄를 용서해주시는 예수님을 만나게 된다. 그렇게 자주 은혜를 입을 때 우리의 삶은 점점 죄에 얽매이지 않고 자유를 누리게 된다. 누구와 무엇을 하든 은혜 가운데서 자유롭게 살 수 있게 된다.

성령의 인도하심을 따를 때 하나님의 뜻 한가운데에 있을 수 있고, 자유를 누릴 수 있다. 인도함을 놓치면 내 욕심을 따라 죄가 나오고 죄에 묶이는 삶이 된다. 자유를 잃는 것이다. 욕심과 죄는 우리를 묶는다. 주님이 주신 자유를 잃어버리게 한다. 그러나 예수님은 항상 우리를 자유롭게 하신다. 죄를 용서해주시고, 죄를 이길 힘을 주시고, 자유로 이끌어가신다. 자유를 잃어버린 사람은 인도함을 놓치고, 다시 자신의 욕심과 죄 가운데 행하게 된다.

은혜와 막힘없는 관계에서 오는 자유가 줄어들었다면 당장 인도함 받는 삶을 회복해야 한다. 인도함을 놓치면 욕심이 늘어나고 죄가 늘어나서 욕심과 죄에 묶인 자유가 없는 삶이 된다. 성령의 인도하심을 따를 때 우리는 점점 더 자유로워진다. 항상 용서받을 수 있고, 죄를 이길 수 있고, 삶의 모든 영역에 예수님이 주시는 은혜가 있게 된다. 자유로운 삶, 죄의 묶임을 이기는 삶은 성령의 인도하심을 따라 살 때 주어진다. 자유가 줄고 은혜가 없고 묶이는 느낌이 있다면 삶을 돌아보아야 한다.

나이트클럽에서 일하며 강남 3대 이빨이라고 불리던 친구가 있었다. 제자훈련학교를 마친 후 간사도 하면서 그의 삶이 완전히 달라졌다. 신학교에 가고 싶다고 해서 교회에서 납부금도 돕고, 사례도 하고, 머물 수 있는 공간을 위해 헌금도 하면서 도왔다. 도움을 받은 것이 미안했는지 주일에 일찍 와서 찬양팀 악기를 세팅하기 시작했다. 별로 마음에 들지 않았다. 기쁨과 자유함이 아니라 도움 받은 게 미안해서 일처럼 한다는 생각이 들었다. 그래도 본인이 하고 싶어 해서 뭐라고 하지 못한 채 시간이 흘렀다.

나중에는 본인도 의무감으로 하고, 다른 사람들도 당연히 그 친구가 악기를 설치해야 하는 것으로 아는 것 같았다. 자유함이 아니면 하지 말라고 권면했더니 하지 않게 되었다. 그래서 아침에 일찍 와서 같이 이야기하고 교제할 필요가 있는 친구와 함께 악기를 세팅했다. 아주 즐거웠다. 할 수 있는 대로 조금씩 했더니 나중에 엔지니어링이 가능한 지체가 와서 조금만 손을 보고 예배를 드리는 데 아무런 문제가 없었다. 찬양팀을 맡고 있던 부부가 마음에 부담이 있었는지 그 다음 주에 일찍 와서는 악기를 다 세팅해놓았다.

마음이 어려워진다. 이것은 자유가 아니라 자신의 의욕이나 의무감에서 나온 일이었다. 자유롭고 즐겁게 예수님을 위해 섬기는, 무언가 은혜롭고 즐거운 놀이 같은 시간이었는데 다시 누군가의 일이 되었다. 교회 일은 이렇게 하면 안 된다고 말했더니 다행히 지체들이 알아듣는 듯하다.

자유가 아닌 마음과 욕심으로 일을 하면 점점 모든 일들이 욕심에 묶이게 된다. 안 하면 안 되거나 서로 눈치 보고 하거나 마음에 기쁨이 없어도 하게 된다. 그 모든 일에 예수님은 계시지 않는다. 예수님이 주시는 자유와 기쁨이 없다. 단순히 자유가 없는 것에 그치지 않고 예수님을 증거해야 할 일을 통해 내 욕심을 나타내는 죄가 나올 수 있다. 성령의 인도하심을 따를 때 우리는 예수님이 주시는 자유와 기쁨 안에서 즐거움으로 일할 수 있게 된다. 그때에 다른 사람들이 그 섬김을 통해 예수님이 주시는 자유를 동일하게 누릴 수 있게 된다.

성령의 인도하심은 예수님을 증거하는 삶이다 성령께서는 예수님을 증언하신다. 보혜사 성령님이 예수님을 증언하시고, 성령충만을 받은 제자들도 예수님을 증거하는 삶을 살게 될 것을 말씀하셨다.

> 내가 아버지께로부터 너희에게 보낼 보혜사 곧 아버지께로부터 나오시는 진리의 성령이 오실 때에 그가 나를 증언하실 것이요 너희도 처음부터 나와 함께 있었으므로 증언하느니라 요 15:26,27

오직 성령이 임하시면 권능을 받고 예수님을 증거하는 삶을 살겠다고 사도행전 1장 8절에서도 말씀하신다. 성령의 인도하심을 받는 삶을 살기 때문에 우리가 신령한 사람이 되는 게 첫 번째 목적이 아니다. 예수님을 증거하는 제자의 삶을 살기 위한 것이다. 성령의 인도하심을 따라 살면 욕심을 제어할 수 있고, 죄를 다스릴 수 있다. 또한 성령의 열매를 맺을 수 있다. 사랑과 희락과 화평과 같은 성령의 열매들은 우리의 평상시 삶 속에서 다른 사람들에게 나누어진다. 사람들은 우리의 말이 아닌 삶을 통해 예수님의 성품과 성령의 열매를 경험함으로써 예수님을 알게 된다.

인도함 받는 삶을 회복하는 과정

진실과 회복 사울은 하나님의 명령에 순종하지 않았다. 하나님께서는 사울에게 아말렉을 진멸하도록 말씀하셨다. 그는 우리가 익히 아는 대로 좋은 소나 양을 남겨두었다. 그의 모습을 지켜보신 하나님께서는 그를 선택하신 것을 후회하셨다. 사무엘은 그런 상황을 근심하여 밤새 기도했다.

> 내가 사울을 왕으로 세운 것을 후회하노니 그가 돌이켜서 나를 따르지 아니하며 내 명령을 행하지 아니하였음이니라 하신지라 사무엘이 근심하여 온 밤을 여호와께 부르짖으니라 삼상 15:11

하나님께서 후회하시고 사무엘이 밤새 근심으로 기도할 때 사울은 무엇을 하고 있었는가?

> 사무엘이 사울을 만나려고 아침에 일찍이 일어났더니 어떤 사람이 사무엘에게 말하여 이르되 사울이 갈멜에 이르러 자기를 위하여 기념비를 세우고 발길을 돌려 길갈로 내려갔다 하는지라 **삼상 15:12**

성령의 인도함을 놓친 삶은 자신의 욕심대로 사는 삶이다. 그러면 하나님께서 나를 어떻게 보시고 계신지 감각을 잃어버린다. 하나님께서 후회하시며 사울을 버리시겠다고 하신 그 엄중한 순간에 그는 자신을 위한 기념비를 세우고 있다.

진실은 사실을 말하는 것만이 아니다. 진실은 내가 행한 일에 대한 하나님의 뜻과 생각 그리고 관점에 대해 받아들이는 것을 말한다. 사울이 자신을 위해 기념비를 세울 수 있다고 생각할 때 하나님은 그를 버리기로 결정하셨다. 하나님께서 보시고 결정하신 게 진실이다.

내가 우긴다고 되는 게 아니다. 하나님께서 정하신 것들은 내게 다 실행될 것이다. 사울이 버림받았듯이. 나를 향한 하나님의 뜻과 결정은 반드시 실행된다. 뜻을 정하시고 실행하시는 하나님의 주권을 우리는 받아들여야 한다. 상황에 대한 하나님의 뜻이 진실이다. 진실하지 않은 사람은 누구인가? 사울처럼 하나님의 판단과 결정을 끝까지 받아들이지 않는 사람이다.

하나님께서 보시는 것처럼 우리 자신을 볼 수 있어야 비로소 그 분이 주시는 회복으로 나아갈 수 있다. 진실에 대한 동의가 우리를 살게 한다. 끝까지 변명하고 방어하고 이해할 수 없다고 자기주장을 꺾지 않는 사람은 회복될 수 없다. 회복은 내 상태가 좋아지는 게 우선이 아니라 하나님의 뜻에 다시 순종하기로 결정하여 과거의 잘못을 교정하는 것으로부터 시작되기 때문이다.

삶의 모든 순간에 항상 순종하기는 어렵다. 그러나 항상 진실할 수는 있다. 내 욕심에 대해 진실하게 받아들이기만 한다면 언제나 회복될 수 있다. 항상 잘하지 못하는 연약한 인간이기 때문에 더욱 진실한 태도가 중요하다. 잘못하고 회복되는 것을 반복하는 게 연약함을 가진 우리의 삶이다.

마음을 살펴서 아는 진실 사울은 불순종한 원인으로 백성들이 좋은 소나 양을 남겨놓자고 했기 때문이라고 말한다. 스스로 말하기를 하나님보다 백성들을 더 두려워했다고 고백하고 있다. 사울은 자신을 왕으로 세우신 분이 하나님이시라는 것을 잊었다. 백성들이 자신을 인정해야 왕이 되는 줄 알고 있었다. 왕이라는 지위에 집착하기 때문에 사람들의 인정이 필요했다. 하나님의 뜻에 집중했다면 그들을 두려워하는 게 아니라 그분의 뜻에 더욱 순종했을 것이다.

인도하심을 놓친 삶을 회복하자면 인도함을 놓친 원인에 대해 진실하게 돌아볼 필요가 있다. 어떤 형제가 빚을 많이 지고 집을 계약했다. 성도가 집을 사면 좋은 일이니 격려를 해주었다. 빚을 진 게 조금 걱정스럽기는 했지만 평소에 재정에 대해 관심이 많고 투철한 형제라 큰 걱정은 하지 않았다. 나중에 그에게서 메일이 왔는데 훈련을 하겠다고 했다. 그런데 내용이 그리 적절치 않아 보였다.

어려서부터 반지하에서 살아서 해가 드는 집에 살고 싶다고 했다. 그리고 태어난 지 얼마 안 된 딸에게 좋은 집을 주고 싶은 욕구를 훈련하겠다고 했다. 조금 일이 꼬이면 생각이 정상적이지 않다. 반지하에서 살다가 해가 드는 집으로 가는 것을 막는 것이나 딸에게 좋은 집에서 살게 해주고 싶다는 마음을 욕심으로 정죄하는 게 훈련이란 말인가. 그런데 자신의 그런 욕구를 훈련하겠다는 메일의 마지막에 전세금과 조금 모아놓은 재정이 인플레이션 시대에 깡통이 될 것을 염려하고 있다는 말을 한다.

집을 사는 것은 좋은 일이다. 그런데 집을 계약하고 마음이 평안하지 않다면 인도함을 놓친 원인에 대해 두려움 없이 정직하게 돌아보면 된다. 자신의 욕심을 지나치게 두려워하면 정직하게 볼 수 없다. 사람은 누구나 다 자기 뜻이 있고 욕심대로 한다. 그러나 욕심대로 하면 죄가 나오기에 되도록이면 하나님의 뜻에 순종하려는 것이다.

형제에게 말했다.

"어린 딸과 해가 드는 좋은 집에서 살고 싶다는 마음은 좋은 것이다. 그런데 전세금과 모아 놓은 재정이 정부에서 돈을 풀면 가치가 떨어지게 될 거라는 생각은 잘못된 것이다. 그것은 재산을 향한 두려움이다. 나도 가끔 전세 가치가 떨어질까 봐 염려한다. 문제는 그런 마음이 2억 원의 빚을 지고 집을 사고자 하는 행동까지 하게 했다는 것이다. 그래, 그것도 괜찮다. 둘이 열심히 벌어서 갚아가면 되니까. 그런데 해가 드는 집에서 사는 것이나 딸에게 좋은 환경을 마련해주는 게 마치 하나님의 뜻이 아닌 것처럼 스스로를 속이면 안 된다."

이럴 경우에 모아 놓은 재정이 깡통이 될 것 같은 두려움에 대해서만 자신을 돌아보면 된다. 하나님께 자신의 생각을 정직하게 보여드린다면 그분은 항상 우리 마음을 만져주시고, 우리가 두려움이 아니라 하나님을 신뢰함으로 삶을 선택하도록 이끌어주신다.

욕심이 앞서는 과정에 대한 관찰 자신의 마음의 흐름을 파악할 수 있다면 정말 훈련이 잘된 것이다. 사울은 자신이 어떻게 하나님의 뜻에 불순종했는지를 정확히 알지 못한다. 사람들의 말을 듣고 하나님의 뜻을 불순종하게 되는 과정을 살펴서 돌이키지 않았다. 대신 사람들이 자신을 인정하게 하라고 사무엘을 압박했다. 사무엘은 이렇게 말한다.

이는 거역하는 것은 점치는 죄와 같고 완고한 것은 사신 우상에게 절하는 죄와 같음이라 왕이 여호와의 말씀을 버렸으므로 여호와께서도 왕을 버려 왕이 되지 못하게 하셨나이다 하니 삼상 15:23

사울은 거역했고 완고했다. 자신의 마음과 욕심의 내용을 깨뜨리지 않았다. 만약 그가 자신을 왕으로 세우신 하나님보다 자신에게 주어진 왕의 자리를 지키는 것에 더 집착하여 사람들의 말을 더욱 청종하는 욕심에 대해 마음을 깨뜨렸다면 버림받지 않았을 것이다. 다윗도 어마어마한 죄를 지었지만 상한 심령으로 하나님 앞에 나아갔을 때 용서받지 않았는가!

사울은 왕이 되고 나서 얼마나 그 자리를 욕심으로 집착했는지, 그런 마음으로 어떻게 하나님의 뜻에 순종하지 않고 거역했는지를 회개하고 돌이켰어야 했다. 명절에 시어머니를 만나러 가기 부담스러운 것을 주일을 빼먹어서 힘들다고 말하거나 집을 사고 나서 평강이 없으니 반지하와 딸의 이야기를 하면서 자신을 방어하면 안 된다. 진실한 마음으로 나아가야 스스로도 정직하게 알 수 있고, 진실하신 성령님의 인도하심도 회복할 수 있다. 인도함을 받는 삶은 진실한 삶의 성장이다.

사울은 어디서부터 자신이 자리에 집착하고 하나님의 뜻을 불순종하기 시작했는지 그리고 하나님보다 사람들을 더 두려워하게 된 자신의 마음의 배경 등을 살펴서 새롭게 해야 했다. 자신이 어떤 욕심으로 하나님의 뜻에 불순종했는지 그 과정을 정직하게 돌아보는 것이다. 욕심이 결정적으로 앞서는 상황들이 있었을 것이고, 그 상황에서 자신의 욕심이 어떻게 나타났는지를 살펴서 돌이키는 것이다. 아마도 그가 전쟁에서 승리하고 사람들의 주목과 인정을 받기 시작했을 때부터 마음이 욕심으로 이동했을 것이다. 사람의 성공이 가끔 무서운 것은 마음을 변하게 만들기 때문이다.

전도 여행 인도로 전도 여행을 간 자매에게서 갑작스러운 메일이 왔다. 하나님께서 자신을 인도로 부르시고 계신 것 같아 바로 인도 선교사로 헌신하겠다고 했다. 불과 얼마 전까지 전혀 없던 이야기였고, 무엇보다 다음 해 초에 교제하는 형제와 결혼하겠다는 계획을 들었기 때문에 조금 황당했다. 일단 잠잠히 있다가 주일에 그 자매와 교제하는 형제에게 둘 사이가 평안한지를 물었다. 형제는 조금 당황한 듯했지만 괜찮다고 했다. 나중에 알고 보니 그는 내가 받은 메일의 내용을 모르고 있었다. 그냥 괜찮다고 한 것이다. 결혼을 불과 몇 달 앞둔 형제에게 알리지도 않고 인도에 선교사로 가겠다니….

그런데 자매가 전도 여행에서 돌아오자마자 선교사로 나가지 않겠다는 메일을 보내왔다. 매우 황당했지만 이런 상황이 아주 낯설지는 않았다. 많은 경우에 선교지에서 부담을 느낄 때 결심하고 헌신할 수 있지만, 막상 삶의 현장으로 돌아오면 또 다른 현실을 만나기 때문에 부르심을 여러 번 확인하는 과정을 거친다. 그 정도는 나도 알고 있다.

문제는 자신이 왜 선교사로 나가지 않는지에 대해 분석하는 내용이었다. 지금 맡고 있는 사역에서 자신이 중간다리 역할을 해야 하는데 그게 싫어서 선교사로 가겠다고 했다는 것이다. 물론 여러 가지 이유 중에 하나이다. 그래도 마음의 내용이 정확하지 않았다.

자매를 만나서 정말로 그런 이유 때문에 선교사로 나가겠다고 했는지 물으니 눈물을 글썽인다. 전에도 그랬듯이 결혼에 대한 부담감 때문이 아닌지 잘 돌아보라고 권면했다. 그랬더니 이후에 차분한 메일이 왔다.

형제의 어떤 모습을 보고 결혼생활이 걱정되었단다. 형제의 부모의 결혼생활이 겹치면서 자신도 그렇게 될 것에 대한 부담감이 있었고, 그러던 차에 인도에 갔는데 마음이 왔다 갔다 했다는 것이다. 나는 어떤 사람이 선교사로 나가는 것에 대해 이래라 저래라 말하고 싶지 않다. 내게는 그런 결정권이 없다. 본인이 알아서 할 일이다. 항상 그렇게 말해왔다. 자신의 인생은 자신이 기도하고 결정한다. 남이 아무리 좋은 사람이라도 내 문제를 결정해줄 권한은 없다.

형제와 잘 이야기하고 약속된 대로 결혼을 준비하기로 했다는 말을 들었다. 형제가 잘 기다려주고 돌보아주었다고 한다. 일단 다행이다. 어떤 두려움이 인도함을 놓치게 만들었는지 스스로 살피고 마음을 다시 평강하게 만들어서 인도함 받는 삶을 사는 게 훈련이다. 항상 우리는 욕심을 따라 성령 하나님의 인도하심을 놓칠 수 있다. 욕심이 하나님의 뜻보다 앞서가는 것이다. 어디에서 어떤 욕심이 앞서 갔는지 살피고 다시 마음이 하나님의 뜻 한가운데로 들어갈 때 문제를 다스릴 수 있게 된다.

우리의 내면은 아주 원칙적이다. 항상 비슷한 상황에서 비슷한 욕심의 내용이 비슷한 과정을 따라 인도함을 놓친 삶으로 이끌어간다. 그러므로 그런 상황과 욕심으로 반응하게 만드는 과정, 욕심의 구체적인 내용을 살펴서 벗어버려야 한다. 자신의 욕심을 알고 욕심대로 하는 옛사람을 벗어버리고 새사람, 하나님의 뜻에 순종하는 새사람을 입는 것이다.

진정한 사랑

무엇이 더 중요한 문제인가 결혼을 앞두고 있는 형제를 돌보는 목사님으로부터 연락이 왔다. 결혼을 준비하는 과정에서 자매가 분수에 넘치게 돈을 쓴다고 했다. 그리고 자기 마음에 들지 않으면 화를 많이 낸다는 것이다. 형제가 결혼해서 행복할 수 있을지 고민하며 지금이라도 그만두는 게 좋겠다는 생각을 한다는 것이다.

남들에 비해 조금 빨리 왔지만 그것이 결혼이다. 보통 사람들은 자기가 원하는 사람을 만나서 행복하게 사는 게 결혼인 줄 안다. 그래서 막상 살다가 내가 원치 않는 모습을 가지고 있는 상대의 모습을 보면 사랑이 식고 관계가 틀어진다. 사랑이 없이 내가 원치 않는 사람과 같이 살 이유가 없다고 생각하게 된다.

어차피 사람은 다 연약한 부분이 있다. 상대방의 단점이 웬만하면 별 부담 없이 살아가는 게 우리네 삶이다. 문제가 되는 경우는 아주 심각해서 내가 받아들이기 어려운 경우이다. 남들이 알만큼 부부간의 문제가 되는 것은 상대방의 연약함을 내가 감당하기 어려운 경우이다. 이럴 때 연약함을 가지고 있는 사람을 더 문제시해야 할까 아니면 상대방의 연약함에 힘들어하는 사람을 더 문제시해야 할까.

부부 관계가 원만하지 않는 사람들은 다른 사람들에게 누가 더 문제가 큰지를 설명하고 자신을 지지해달라고 정치 행위를 하게 된다. 정말로 어이가 없는 일이다. 부부가 싸우다 헤어지게 되었는데 남들이 무슨 상관인가. 내가 덜 잘못했다고 사람들에게 인정을 받아서 헤어진 이후의 삶에 관한 정당성을 확보하고자 한다면 정말 슬픈 일이다.

어떤 사람은 조금만 자기가 원하는 대로 안 되면 남편을 나쁜 사람으로 만든다. 나중에는 아들도 자기가 원하는 대로 해주지 않으면 주변 사람들과의 관계 속에서 나쁜 사람으로 만들어간다. 그런 것을 어떻게 생각해야 할까. 정말 지독한 이기심이다. 가족이라도 내 자식이라도 나를 위해서는 나쁜 사람으로 만들 수 있다.

누가 예수님을 증거할 것인가 누가 더 잘했고 더 나쁜가를 따지는 것은 할 일 없는 사람들이 하는 일이다. 우리가 관심을 갖는 것은 '누가 이 깨진 관계를 회복해서 다시 행복한 가정, 예수님의 성품과 능력이 다스리시는 가정이 되게 할 것인가'이다. 비록 좋은 사람이 아니어도 잘하지 못했어도 예수님의 마음을 품고 그분의 다스리심을 위해 기꺼이 종이 되는 사람이 좋은 사람이다. 자신을 방어하고 나쁘게 보이지 않으려고 별짓을 다하는 사람은 나쁜 사람이다.

주 앞에서 낮추라 그리하면 주께서 너희를 높이시리라 약 4:10

가정이 하나 되게 하기 위해, 서로 사랑하기 위해 자신을 돌보지 않는 사람, 자신을 나쁜 사람으로 보이고 싶지 않은 욕구를 다스리고 성령의 인도하심을 따라 예수님을 가정 안에서 증거하는 사람이 좋은 사람이다. 사랑하는 사람이 예수님의 사람이다. 사랑을 실천하고 하나님의 뜻에 순종하기 위해 자신을 돌보지 않은 사람들을 하나님께서는 높여주신다.

이러므로 하나님의 자녀들과 마귀의 자녀들이 드러나나니 무릇 의를 행하지 아니하는 자나 또는 그 형제를 사랑하지 아니하는 자는 하나님께 속하지 아니하니라 요일 3:10

가족을 사랑하지 않는 사람은 하나님께 속한 사람이 아니다. 사랑하지 않을 이유를 찾아서 아내를 사랑하지 않는 사람은 마귀의 자녀인지 모른다. 단순히 사랑하지 않은 게 아니다. 예수님의 명령에 불순종하고 죄를 짓고 있는 것이다. 예수님을 믿고 서로 사랑하라는 게 그분의 명령이다.

> 그의 계명은 이것이니 곧 그 아들 예수 그리스도의 이름을 믿고 그가 우리에게 주신 계명대로 서로 사랑할 것이니라 요일 3:23

사랑은 죽는 것이다 하나님의 우리를 향한 사랑은 독생자 예수 그리스도를 보내신 사랑이다. 죄짓는 우리를 사랑하셔서 하나밖에 없는 아들인 예수 그리스도를 보내시어 십자가를 지시고 우리를 용서하시도록 한 고통의 사랑이다.

예수님의 사랑은 우리의 죄를 용서하시기 위해 대신 십자가에서 죽으신 사랑이다. 그러므로 사랑은 누군가의 잘못을 위해 대신 고통당하는 것이다. 사랑이 누군가 내가 원하는 대로 해주는 것이라는 생각은 성경의 가르침과 정반대이다. 사랑한다는 것은 누군가의 잘못을 위해 내가 죽는 것이다.

사랑하지 않으면 인도함을 놓친다 상대방의 연약한 점을 보고 사랑이 식어지면 성령의 역사하심이 사라진다. 당연히 사랑하지 않고 내 욕심대로 계속 상대방에게 행할 것이고, 그렇게 살다 보면 죄를 짓고 있는 자신을 보게 될 것이다.

상대방을 미워하고 싶은 욕구를 내려놓고, 성령의 인도하심을 따라 사랑하기 시작하면 점점 더 자연스럽게 사랑할 수 있게 된다. 그것이야말로 사랑이다. 처음에 사랑이 있다가 점점 식는 게 아니다. 사실은 처음에는 사랑이 없었다. 상대방의 어떤 모습을 좋아하는 내 욕구와 내가 원하는 사람을 갖고 싶다는 욕구가 많은 만남의 출발이다. 사랑 없이 출발했다가 상대방의 연약한 모습, 단점을 볼 때부터 진정한 사랑을 하기 시작한다.

진정한 사랑을 하면 하나님의 도우심을 깊이 느끼게 된다. 억지로라도 나를 깨뜨려 진정한 사랑을 하려는 나를 사랑해주시는 하나님의 따뜻한 시선을 느끼게 된다. 남들은 알 수 없다. 예수님을 따르고, 그분의 명령을 지키기 위해 내 마음대로 하지 않고 사랑을 위해 겸손히 나를 내려놓는 삶을 향한 하나님의 따뜻한 시선을….

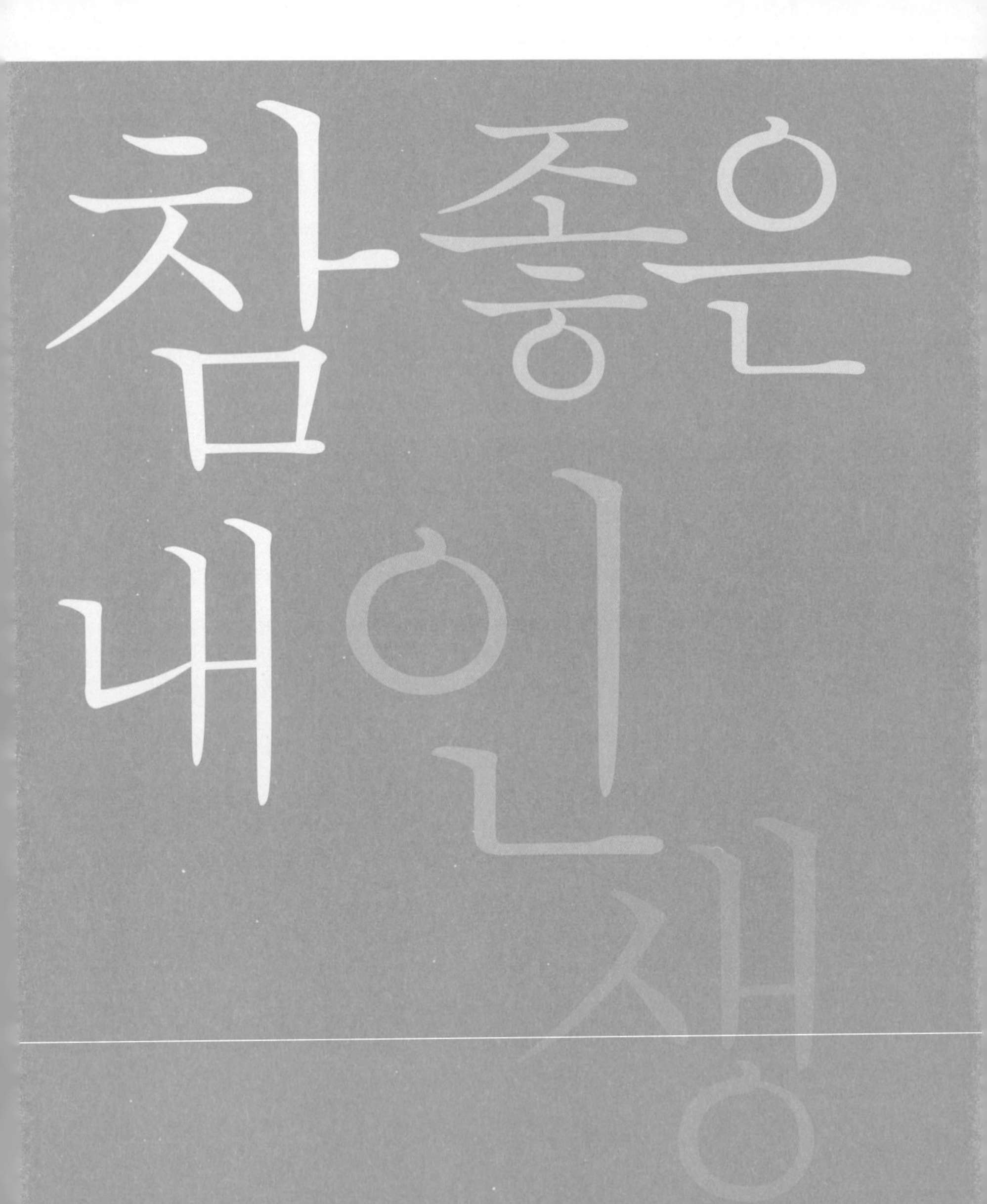
참 좋은
내 인생

믿음으로 사는 인생

chapter 3

믿음을 새롭게 하는 삶

삶에 일어난 어려운 상황을 자신의 믿음의 문제로 보지 않고 다른 원인 때문이라고 상황을 조작하기 시작하면 믿음이 성숙할 기회를 갖지 못한다. 조금 어렵고 힘들어도 자신의 믿음을 새롭게 하는 기회로 삼아야 믿음도 점점 강건해지고, 믿음으로 하나님을 기쁘시게 하고 상을 받을 수 있는 삶이 된다.

믿음의 생각

우리 안에 있는 믿음이 아닌 것 예수님을 믿는 믿음으로 사는 삶의 반대는 사람을 믿는 삶이다. 성경의 가르침을 생각할 때 사람은 예수님을 믿기보다 자신이 원하는 상황이나 그 상황을 만들어 낼 수 있는 사람을 믿기를 더 좋아하는 듯하다. 믿음과 정반대되는 생각들의 가장 적나라하고 좋은 예들이 《삼국지》 안에 있다.

동양 사람들에게 이 책은 지대한 영향을 미친다. 월탄 박종화 선생의 《삼국지》를 정말 재미있게 몇 번이나 읽었다. 초등학교 때는 유비가 사랑하는 부용 아가씨의 모습을 묘사하는 부분이 좋았고, 중고등학교 때는 대업을 이루는 남자들의 이야기가 좋았다. 나중에는 주군의 아이를 품고 적진으로 홀로 돌진하는 관우와 장판교의 장비의 모습이 인상적이었다. 사람들에 관한 재미있는 이야기들이 가득하다. 굳이 신앙적으로 분석하고 싶지 않다. 다만 우리의 생각을 살펴보자는 의미이다.

삼국지는 유비를 중심으로 관우와 장비가 뭉치는 과정을 자연스럽고 따뜻하게 묘사하고 있다. 좋은 리더를 중심으로 사람들이 뭉치는 것이다. 항상 우리는 믿고 따를 만한 사람을 찾는다. 예수님이 전해지지 않았던 조선시대에 나라가 어려울 때마다 예언서인 《정감록》과 같은 책이 쓰인 걸 보면 그런 사람을 기다려온 게 우리의 생각이요 삶인 것을 알 수 있다. 이것은 믿음이 아니다. 상황이 어려울 때 사람을 먼저 찾는 것은 아주 익숙하지만 잘 점검해야 하는 생각의 내용이다.

예수님을 믿는데 상황이 어려울 때 사람부터 찾는다면 과연 믿음이 있는 것인가? 어려움을 극복할 수 있는 무언가를 해줄 사람을 찾는 생각, 그런 생각을 하는 사람도 어렵고, 그런 생각을 하는 지도자는 더욱 위태롭다.

사람들의 나라를 세움 유비, 관우, 장비는 나라를 세우고자 한다. 좋은 리더를 모시고 명분 있는 일을 통해 천하를 통일하자는 생각, 이것이야말로 믿음의 반대편에 있는 생각이다. 한번은 믿음이 좋고 신실한 선생님들이 가르치는 학교에 설교하러 갔다. 시험을 통해 똑똑한 학생들만 입학할 수 있는 학교였다. 설교하러 섰을 때 조금 무서웠다. 정말 아이들이 똑똑하다는 생각이 들었다. 무언가 정확하게 분별할 수는 없었지만 똑똑한 아이들을 모아놓은 게 정말 주님의 뜻일까? 이것이 바벨탑이 되지 않을까? 오직 은혜로 된다는 것을 유머스럽게 강조했다. 아이들은 착하게 웃고 따뜻하게 들어준다.

하나님의 뜻이 실현되는 나라가 아니라 사람들이 좋아하는 나라를 세우자는 것은 가장 인간적인 뜻이 한데 모인 것이다. 사람들이 좋은 지도자와 함께 낙원을 건설하고자 하는 꿈은 잘못된 것이다. 그것은 믿음이 아니고 바벨탑이다.

논공행상 하나님의 다스리심이 없는 사람들의 관계를 통해 천하를 통일하고자 하는 생각들로 어떤 결과가 나오면 사람들의 뜻을 따라 공을 정하고 상을 나눈다.

믿음은 사람의 부족함을 전제로 한다. 내 죄를 스스로 해결할 수 없다. 죄를 해결할 능력이 내 안에는 없다는 인정이 믿음의 출발이다. 죄를 해결할 수 없으므로 당연히 죄로 말미암아 심판대 앞에서 심판을 받고 지옥에 가는 게 정해진 순서이다. 그런데 죄가 없으신 예수님께서 죄를 지은 나를 대신하여 십자가에서 대신 심판을 담당하셨다. 그래서 누구든지 예수님을 믿는 사람은 죄를 용서받고 심판을 면하게 된다.

믿음의 나라는 사람이 무언가를 하는 나라가 아니라 자신의 부족함을 인정하고 예수님의 도우심을 구하는 나라이다. 우리가 믿을 때 예수님의 능력이 임하는 나라이다. 그러므로 믿음을 통해 무언가 기적이 일어났을 때는 아무도 그것을 자랑할 수 없다. 당연히 논공행상論功行賞을 할 수도 없다.

믿음의 반대말 강의하다 가끔 "믿음의 반대말은 안 믿음이 아닙니다"라고 하면 사람들이 웃는다. 믿음은 예수님을 믿는 것이다. 나는 죄를 지을 능력은 있으나 그것을 해결할 능력은 없다. 그래서 내 죄를 대신 십자가에서 해결하신 예수님의 십자가 능력이 임할 때 내 죄는 용서된다. 믿음은 내가 해결할 수 없는 일에 대해 예수님을 믿고 그의 능력을 의지하는 삶이다. 내 생명은 예수님이 주신 것이다. 내 것이 아니다. 내 생명을 연장하는 모든 일들도 다 주님께 받아서 사는 것이다. 이것이 믿음으로 사는 삶이다.

갈라디아서 2장 20절을 기억해야 한다. 이제 내가 육체 가운데 사는 것은 나를 사랑하사 나를 위해 자기 자신을 버리신 하나님의 아들을 믿는 믿음 안에서 사는 삶인 것이다. 믿음의 반대는 사람의 능력을 의지하고 추구하고 신뢰하는 것이다. 하나님을 믿고 의지하는 것보다 사람을 더 믿고 의지하는 것은 잘못이다. 그것은 믿음이 아니다. 인간의 역사는 사람을 세우고 그를 의지하고자 하는 역사이다. 이것은 믿음이 아니다. 믿음을 반대하는 것이다.

문제 속에서의 믿음

문제 속에서 믿음은 증명된다 마태복음 14장에 보면 제자들은 풍랑을 만났다. 예수님께서는 제자들을 구하시기 위해 밤중에 물 위로 걸어오셨다. 제자들은 처음에는 많이 놀랐지만 예수님이신 것을 알게 되고 베드로는 자신도 물 위로 걷게 해달라고 요청한다. 예수님은 베드로에게 오라고 말씀하셨고 그는 물 위로 걸어갔지만 빠지고 말았다. 물에 빠진 그를 건져주시면서 예수님은 말씀하신다.

> 예수께서 즉시 손을 내밀어 그를 붙잡으시며 이르시되 믿음이 작은 자여 왜 의심하였느냐 하시고 마 14:31

베드로가 물에 빠진 것에 대해 예수님은 믿음이 작고 의심이 생긴 것 때문이라고 말씀하신다. 그의 믿음은 물 위를 걸어가는 상황 속에서 증명되었다. 믿음은 허공에 있는 어떤 것을 믿는 막연함이 아니다. 우리가 실제로 삶 속에서 겪는 문제들 속에서 믿음이 어떤 상태인지 드러나게 된다.

요한 웨슬리 목사님도 풍랑을 만난 배 속에서 죽기를 두려워하는 자신을 보면서 믿음에 대해 심각하게 고민했다. 예수님을 믿는 사람이라면 문제 속에서 믿음이 어떤 상태인지 고민하고 돌아보는 게 마땅하다. 학생이라면 공부하는 것에서, 직장인이라면 직장생활에서, 가정주부라면 가정의 문제 속에서 믿음이 증명된다.

중학생 딸의 믿음 희락이는 어려서부터 공부를 잘하는 사람이 되고 싶어 했다. 가끔 공부하느라 새벽 3시까지 방에 불이 켜져 있는 것을 보면 걱정이 된다. 정확하지는 않지만 욕심껏 잘하려고 하기 때문이다. 믿음으로 자신의 부족함을 인정하고 하나님의 도움을 받았으면 좋겠는데….

중학교에 올라가더니 수학이 뜻대로 되지 않았다. 전체 학생들의 수학 평균점수가 아주 낮게 나왔다. 딸의 점수도 낮게 나왔다. 아이는 많이 당황했다. 나는 언젠가 그런 날이 올 거라는 생각을 했다. 나를 많이 닮은 딸이 나처럼 수학을 잘하지 못할 거라고….

믿음으로 공부해야 하는 이유는 자신의 능력이 한계에 부딪칠 때 하나님의 도움을 받기 위해서이다. 믿음으로 하지 않는 공부는 자신의 능력으로 하는 공부이다. 공부를 잘하면 자신이 잘하는 것이고, 못하는 과목이 생기고 한계에 부딪치면 능력이 부족하다고 좌절하는 공부이다. 나는 딸이 언젠가 수학을 좌절하고 포기하게 될까 걱정이 되었다.

딸이 수학을 못하는 게 아니라 시험 자체가 어려웠다고 위로했지만 다른 과목 점수에 비해 낮은 수학 점수에 낙담을 한 듯했다.

수학 공부 속에서의 믿음 자신의 한계를 절감한 아이가 아주 겸손하게 기도했다. 중학교 1학년 내내 수학 때문에 고생했던 딸은 학년말 고사를 사흘 동안 치렀다. 시험이 끝나고 결과가 못내 궁금했지만 선불리 딸에게 말을 걸지 못했다. 그런데 아이가 엄마에게 시험이 끝나자마자 하나님께 감사 기도를 드릴 수밖에 없었다고 말했다고 한다. 정말 기뻤다. 아이가 진정으로 하나님을 의지했다는 생각이 들었다. 딸은 수학을 백점 맞았고, 전교 1등을 했다.

2학년이 되고 나서 처음 치르는 중간고사 기간이었다. 희락이에게는 믿음이 없었다. 어떻게 아느냐면 딸이 불안한 마음으로 공부할 때마다 온 가족이 불안해지기 때문이다. 희락이가 불안하게 왔다 갔다 하면서 공부하면 나는 집에 있는 게 부담스럽다. 텔레비전을 보는 것도 죄책감이 느껴진다. 밖으로 나가서 저녁 늦게 들어와 보니 그때까지 아이는 공부를 하고 있다. 아주 지친 얼굴로….

지난번처럼 믿음으로 하라고 권면하고 싶었지만 참았다. 오히려 딸의 마음이 위축되고 자신감이 더 없어질까 걱정이 되었다. 불안하게 준비했던 시험이 끝났다. 분자와 분모를 바꿔 쓰는 어처구니없는 실수로 성적은 지난번보다 좋지 않았고, 딸은 많이 위축되었다.

주일 예배를 드리고 아내와 딸과 경치 좋은 곳을 걸어오면서 믿음에 대해 이야기했다.

"희락아, 작년 기말고사 때처럼 하나님을 의지하는 믿음이 시험이 주는 압박감을 이기고 있을 때 역사가 있는 거야. 하나님께서 네 믿음을 보시고 은혜를 베풀어주시면 네 실력 이상으로 시험을 치를 수 있게 돼. 그러면 시험이 끝나고 나서 하나님의 도우심을 인정할 수밖에 없게 된단다."

2학년 중간고사에서 믿음이 없어진 이유는 작년에 믿음으로 결과를 얻은 것에 대해 믿음은 기억하지 못하고 결과만 기억했기 때문이다. 이번에도 전교 1등을 해야 한다는 마음이 먼저 일어나서 공부를 하고 시험을 치른 것이다. 그것은 믿음이 아니다. 믿음으로 간절히 하나님을 의지하고 하나님께서 믿음을 보시고 도움을 주셔서 결과가 좋게 나오는 게 맞다. 과거의 성공이 믿음에 방해가 될 수 있다. 성공의 결과만 기억하고 믿음의 과정을 잊어버리면 더욱 그렇다. 많은 경우에 성공 사례가 전파되지만 실제로 배워야 할 것은 믿음이다.

믿음의 결과 이번 기말고사 때는 딸이 정말 믿음으로 공부를 하는 듯했다. 아이가 공부를 하든 안 하든지 가정이 평안했다. 스스로 평안하게 공부하니 가족 모두가 평안했다. 시험을 치르고 나서 비교적 잘 본 것 같다고 한다. 믿음으로 준비한 것을 알고 나도 내심 기대가 되었다. 그런데 결과는 믿음이 작았던 지난 시험 때보다 점수가 더 낮게 나왔다. 딸은 위축되었다.

그런데 정말 감사한 것은 아이가 믿음으로 했는데 점수가 왜 이러는지 이해할 수 없다고 말하지 않았다. 정말 감사하다. 하지만 시험 성적이 좋지 않은데도 가만히 있는 딸이 안쓰럽다. 마음이 아프다. 무엇보다 내 마음이 힘들어 아내에게 조용히 말했다.

"언제부터 딸이 전교 1등을 했다고 1등을 하지 못했다고 내 마음이 어려운지 모르겠네."

마트에서 딸이 좋아하는 김밥과 새우튀김과 달달한 파인애플을 사서 집으로 왔다. 온 가족이 모여서 맛있게 먹고 딸을 위로했다.

"희락아, 전교 1등을 하면 잘한 것이고, 그렇지 못하면 시험을 못 본 게 아니야. 앞으로도 너는 많은 시험을 보게 될 거야. 중요한 것은 네가 모든 과정에서 하나님과 믿음으로 동행하는 삶을 살았다는 거야. 그게 아주 소중하단다."

딸은 아주 깊이 듣는 듯했다. 언제 그랬냐는 듯이 얼굴이 밝아지고 시험의 기억에서 벗어나는 것 같았다. 딸이 요청하는 한 인생의 과정을 믿음으로 살도록 나는 계속 지도할 것이다.

상황 조작

삶의 문제가 믿음의 문제가 되는 사람들 개척 교회를 섬기다 보니 성도들에게 무슨 일이 생기지 않도록 늘 기도하는 심정으로 산다. 당연히 목사로서 성도들의 삶이 평안하기를 바라는 것도 있지만 그들에게 일이 생기면 그것이 곧 교회의 문제가 되고 필연적으로 목회자의 성품을 테스트하는 일이 되기 때문이다.

요한 웨슬리 목사님은 미국에서 교회 사역을 하다가 고소를 당하는 어려운 문제에 부딪친다. 결국 사역을 내려놓고 영국으로 돌아온다. 그리고 조용히 과거의 사역을 점검하면서 자신이 배운 것을 일기에 정리해놓았다. 요약하면 사람을 조심해야 한다는 것을 배웠다고 한다. 정말 공감이 되는 말이다.

목사로서 사역을 계속하려면 사람을 조심할 줄 알아야 한다는 생각이 든다. 전에는 그렇지 않았다. 누구든지 도울 수 있다면 최선을 다해 도와야 한다고 생각했다. 그러나 어떤 경우에는 사역을 포기할 정도로 고통을 당할 수 있다는 것을 알게 되었다. 슬픈 일이지만 사람을 있는 그대로 좋은 마음으로 돕는데 어려움을 겪게 되었다. 어떤 사람을 보아도 좋은 면이 보이는 게 아니라 '만약 저 사람이 공격에 노출되어 이상하게 된다면 나는 어떻게 될까'를 생각하게 된다. 항상 사람들에게는 문제가 있다. 그리고 그런 많은 경우에 삶의 문제들은 믿음의 문제가 된다.

삶의 문제가 믿음의 문제가 된 사람들의 특징 삶에 문제가 생겨서 믿음이 연약해진 사람들은 먼저 자신의 문제로 생각하지 않는 경향이 있다. 가장 흔한 반응은 하나님께서 자신을 도와주지 않았다고 생각한다. 믿음의 문제로 인식하는 경우는 아주 드물다.

물론 처음부터 하나님이 도와주시지 않았다고 원망하지는 않는다. 그리고 하나님을 향해 직접적으로 원망하는 경우도 드물다. 그냥 이해할 수 없다고 말한다. 왜 이런 일이 생기는지 그리고 왜 이런 일이 생기지 않도록 하나님께서 도와주시지 않는지…. 그러면서 자신이 그 일을 겪지 않아야 하는 신앙적인 이유들을 찾는다. 나는 그 일을 겪을 정도로 잘못하지 않았는데 왜 내가 이런 일을 겪어야 하는지 이해할 수 없다는 생각으로 진행된다.

결론은 내가 잘못한 것에 비해 큰 어려움을 당했다고 생각한다. 하나님께서는 왜 어려움을 주시고 또 그것에서 나올 수 있도록 도와주시지 않는지 실망하는 마음을 갖게 된다. 생각이 실망에 이르면 신앙생활에 의미가 없어진다. 사람을 도우면서 가장 어려운 두 가지 경우를 꼽자면 자신의 문제를 해결하기 위한 욕심으로 신앙을 찾는 경우와 자신이 원하는 대로 되지 않는다고 실망하면서 신앙을 의미 없는 것으로 생각하는 경우이다.

그들에게 믿음을 새롭게 하라고 권면하면 그들은 그동안 어려웠던 마음을 한꺼번에 쏟아낸다. 삶이 어려워서 믿음이 연약해진 사람들은 결국 목사를 원망하면서 교회를 떠난다. 혹 조심해서 기다린다고 해도 상태는 좋아지지 않는다. 사역자가 욕먹을 각오를 하고 먼저 믿음으로 전쟁을 치른 뒤에 분명하게 말해주면 가끔 새로워지는 사람들이 있다.

지금까지 같이 교회를 개척할 수 있었던 이들은 예외 없이 그런 과정을 거쳐서 남은 사람들이다. 믿음이 연약해졌다는 것은 단순히 실망해서 마음이 가라앉는 정도가 아니다. 교회를 함께 섬길 수 없을 정도의 깊은 괴로움이다. 그래서 개척 교회가 힘들다.

믿음이 연약해진 사람이 떠나기라도 하면 남은 사역자는 성격에 문제가 있다는 공격을 받는다. 억울하기 그지없지만 그것이 목회다. 목회자가 좋은 사람으로 남고 싶으면 개척 교회를 하면 안 될 것 같다. 전쟁을 치르고 욕먹을 각오를 하고 나쁜 사람이 되어야 비로소 목회자는 부름 받아서 욕먹는 일을 해야만 하는 종이라는 사실을 알게 되는 듯하다.

삶의 어려운 문제들 속에서 자신의 믿음을 점검하지 못하고 남의 탓을 하면서 믿음이 연약해지는 경우가 대부분이다. 더욱 믿음을 견고하게 하여 삶의 문제들 속에서 예수님의 능력을 경험하게 되어야 비로소 안정된 그리스도인이 되었다고 할 수 있다. 그전에는 항상 불안하다. 무슨 일이 있거나 원수가 조금이라도 건들면 바로 사람이 돌변하기 때문이다.

현실적인 문제로만 받아들이는 경우 베드로처럼 물에 빠졌다면 사람은 물 위를 걸을 수 없다고 생각한다. 그것이 당연하다고 생각한다. 근본적으로 믿음이 없는 경우라고 할 것이다. 믿음은 본래 우리의 힘으로 되지 않는 문제에 대해 예수님의 능력을 구하는 것이다.

> 이제 내가 육체 가운데 사는 것은 나를 사랑하사 나를 위하여 자기 자신을 버리신 하나님의 아들을 믿는 믿음 안에서 사는 것이라 갈 2:20

우리가 육체 가운데 사는 이유는 삶의 문제 속에서 예수님을 믿는 믿음으로 살아가기 위함이다. 내가 해결할 수 있는 일은 내가 하고, 할 수 없는 일은 하지 못하는 삶 속에 믿음이 어디에 있겠는가! 이제 우리는 내 능력으로 사는 사람들이 아니다. 우리의 삶은 예수님을 믿음으로 다시 시작되었다. 믿음으로 모든 죄를 용서받고, 삶의 문제들도 믿음으로 예수님의 도움을 받아 살아가는 삶이 되었다.

아브라함이나 베드로의 위대한 점 아브라함도 믿음이 연약했을 때가 있었다. 하나님께서 이삭을 주시겠다고 하셨지만 중간에 사라가 아닌 하갈과의 관계에서 이스마엘을 낳았다. 베드로도 물에 빠지는 믿음을 가진 사람이었다. 그러나 나중에 아브라함은 이삭을 죽여서 바칠지라도 하나님께서 다시 살리실 거라고 생각했다고 로마서는 말씀하신다. 아주 비상한 믿음이 된 것이다.

베드로도 어려서부터 다리가 아팠던 사람을 믿음으로 온전하게 고치게 된다. 그는 자신이 한 게 아니라 예수님께서 하신 거라며 그분을 증거하는 믿음을 보여준다. 위대한 믿음의 선진들도 처음부터 믿음이 좋았던 건 아니다. 그들의 믿음은 점점 성숙해져갔다. 우리의 믿음이 지금은 보잘것없어 상황을 탓하고 원망하면서 무너질 때가 있다. 그러나 아브라함과 베드로처럼 우리의 믿음은 점점 성숙해져야 한다.

삶에 일어난 어려운 상황을 자신의 믿음의 문제로 보지 않고 다른 원인 때문이라고 상황을 조작하기 시작하면 믿음이 성숙할 기회를 갖지 못한다. 조금 어렵고 힘들어도 자신의 믿음을 새롭게 하는 기회로 삼아야 믿음도 점점 강건해지고, 믿음으로 하나님을 기쁘시게 하고 상을 받을 수 있는 삶이 된다.

믿음은
자기 확신이 아니다

예수님을 믿는 믿음 소련 공산당 시절에 선교사를 고문하는 사람들이 성경에 독을 마셔도 죽지 않는다고 되어 있으니 독을 마시라고 했다고 한다. 그 선교사는 독을 마셨지만 죽지 않았다고 한다. 그런데 어떤 경우에는 독을 마셨다가 죽었다는 이야기도 들었다.

믿음은 내가 원하는 상황대로 될 거라는 자기 확신이 아니다. 믿음은 예수님을 믿는 것이다. 예수님을 믿기 때문에 그는 약속을 믿는 것이다. 베드로도 자기 확신으로 물 위로 걸어간 게 아니다. 오라고 하셨던 예수님의 명령이 있었기에 걸어갈 수 있었다.

자비량으로 살면서 수입의 흐름은 늘 변해왔다. 과거에는 사람들의 후원과 불특정한 헌금이 주요 수입이었다. 선교 단체의 간사를 그만두고 나서는 훈련 프로그램이나 교회에서 진행하는 집회에서 받는 사례가 수입의 통로가 되었다. 재정 싸움은 늘 막막하다. 언제 어떻게 재정이 들어올지 알 수 없기 때문이다.

9월은 재정적으로 조금 힘든 달이다. 교회마다 여름 일정이 끝나고 강의할 기회가 많지 않다. 그나마 잡혀 있던 일정이 취소되었다. 전에도 그렇게 취소한 적이 있던 그 분은 껄끄러운 일을 정리하기 위해 취소 사실만을 알리고 전화를 끊고 싶어 하는 것 같았다. 마음에 여러 생각이 들었다. 재정에 대한 압박감과 취소되는 것에 대한 서운한 마음이 들었다.

그런데 이것이 믿음의 싸움이라는 것을 금방 알아챘다. 상황이 주는 마음에 휩쓸리면 믿음이 약한 사람이 된다는 것을 금세 느낄 수 있었다. 마음이 어려워지는 것은 믿음이 연약해지는 거라는 걸 알게 되었다. 연약해진 마음과 믿음을 새롭게 하는 일은 예수님을 신뢰하는 마음을 회복하게 한다.

나는 즉시 조용히 고백한다. 상황은 어렵지만 예수님만을 신뢰하는 일 외에는 내가 할 수 있는 일이 없고, 예수님은 항상 나를 살려 주셨다고. 최근 들어서 재정 싸움에 있어서 생긴 가장 큰 변화는 재정에 대한 압박감이 심해질 때 제일 먼저 드는 생각이다. 그것은 내가 해결할 수 없고, 예수님만 해결하실 수 있다는 경험에서 나오는 믿음이다. 그러고는 즉시 '나는 이 일을 통해 더욱 예수님을 의지하겠구나' 하는 생각이 들었다. 이런 내가 조금은 신기하다.

믿음의 고백 지난 20년 동안 재정 싸움을 하면서 한 번도 자연스럽게 믿음을 지켜본 적이 없다. 그것은 지금도 마찬가지이다. 늘 재정에 대해 눌리는 마음이 있었고, 때로는 휩쓸려서 힘들었고 결국은 하나님 앞에서 믿음으로 반응하기는 했지만 시간이 걸렸다. 그래서 응답이 늦었던 게 아닌가 싶다. 과거에는 하나님의 응답이 너무 늦거나 아주 작게 응답해주신다고 생각했지만 마흔 중반이 되면서 비로소 내 믿음이 연약했다는 것을 알게 되었다.

믿음은 내가 원하는 대로 재정이 늘 풍성할 수 있다는 자기 확신이 아니다. 그렇게 자기 확신을 강하게 가져봤자 재정이 들어오지 않으면 금세 재정이 없는 현실을 보게 된다. 믿음은 어떤 상황이든지 예수님을 바라보는 것이다. 재정이 어려운 상황이라고 할지라도 어려운 마음보다 예수님을 향한 믿음, 의지하는 마음이 더욱 견고해지는 것을 말한다. 베드로가 물 위를 걸을 수 있다는 자기 확신으로 갔다면 바로 물에 빠져 죽을 수 있었다. 그러나 그는 예수님을 믿었고, 그분의 약속을 믿고 걸어갔다. 물론 바람이 더 무서워서 바로 빠지기는 했지만….

강의가 취소된 것이 믿음의 싸움인 줄 알고 나는 마음을 새롭게 하고 믿음의 고백을 했다. 그래도 조금은 아쉬운 마음으로 메일을 열었는데 다른 교회에서 부흥회를 요청하는 메일이 와 있었다. 강의 취소와 메일 확인이 순간적으로 일어난 일이라서 약간은 당황했다. 그러나 다행이다. 믿음의 싸움에서 승리할 수 있어서….

좋은 친구 청소년들에게 쉽게 설명하느라 예를 든다. 친한 친구가 맛있는 밥을 사준다면 어떻겠느냐고 물으면 대부분 즐거운 표정으로 환호한다. 말이라도 좋아하는 친구와의 즐거운 식사는 행복하다. 믿음 안에는 그런 요소가 있다. 친한 친구가 밥을 사준다는 걸 의심하는 사람은 거의 없을 것이다. 혹 사주기 어려운 상황이 생겨도 그 관계가 어려워지지는 않는다.

친구의 호의가 고맙고 나중에 다시 만나면 되기 때문이다. 믿음은 내가 원하는 대로 되지 않고 약속을 지키지 않았다고 바로 신뢰를 거두어들이는 게 아니다. 사실 친구가 밥을 사준다고 한다면 그저 즐거운 마음뿐이다. 그것이 신뢰이다.

그런데 한 시간을 기다려도 그 친구가 오지 않는다. 심지어 연락도 되지 않는다. 이 정도가 되면 청소년들이 웅성대기 시작한다. 그때 질문을 한다. 결국 기다리다가 음식점에서 나왔을 때 마음이 어떨지를 묻는다. 다들 진심으로 마음이 어려울 것 같다고 대답한다. 그중 한 친구가 두 가지 마음이 든다고 한다. 화가 나기도 하고 그 친구가 왜 오지 못했는지 걱정이 된다고 했다.

다른 청소년들에게 이런 반응을 전달해주었더니 대부분은 친구가 걱정이 된다는 말에 참 좋은 사람이라는 반응과 나도 그럴 수 있겠다고 동의를 한다. 나중에 상황을 들어 보니 친구의 어머니가 갑자기 입원을 해서 약속을 지키지 못했다고 이야기해주면 청소년들은 마치 진짜 자기가 그런 경우를 겪고 있는 것처럼 당황해한다.

만약 그 친구에게 실망해서 심한 말을 하며 다시는 안 만나겠다고 문자 메시지라도 보냈으면 얼마나 미안한 마음이 들었겠느냐고 말했다. 병원에 있는 친구를 찾아가서 밤새 같이 있어주었다는 내용으로 예화는 끝이 난다. 친구 사이의 신뢰는 더 깊어졌을 것이라고도 말했다.

이미 우리에게는 이런 친구가 계신다. 예수님은 우리를 친구로 삼으셨고, 친구를 위해 목숨을 버리면 가장 큰 사랑이라는 말씀과 함께 우리에게 생명을 내어주셨다. 예수님의 우리를 향한 신뢰와 사랑을 의심할 필요가 없다. 단지 우리의 믿음을 점검해보아야 한다. 내가 원하는 대로 되지 않으면 금세 믿음이 식어버리고 원망하는 믿음을 가지고는 어떤 일도 할 수 없다. 예수님께서는 항상 우리의 믿음을 보시고 일을 하신다.

예수님은 베드로가 물 위를 걷게 하실 수 있다. 그분은 능력이 충만하시다. 또한 베드로가 물 위로 걸어서 예수님께 오게 할 뜻이 있으시다. 예수님의 능력과 뜻을 우리가 의심할 필요는 전혀 없다. 다만 그의 믿음이 그를 물에 빠지게 했다는 것을 기억해야 한다. 문제는 언제나 우리의 믿음이지 예수님의 능력이나 뜻이 아니다. 그분은 우리에게 생명과 사랑을 주셨다. 우리는 그런 신뢰에 대해 어떻게 반응을 해야 할지 결정을 해야 한다. 우리의 믿음이 연약하다면 물에 빠진다. 예수님의 능력과 우리를 향한 좋은 뜻과 상관없이.

내 확신은 일방적이다 믿음은 예수님을 믿는 믿음이다. 살아 있는 내가 살아 계신 예수님을 믿고 신뢰하는 것이다. 그러므로 믿음은 내가 원하는 것을 이루는 일방적인 게 아니라 예수님을 어떤 상황에서도 신뢰하는 것이다. 본래 정상적인 관계가 아닌 일방적인 관계는 한쪽이 자신의 필요를 따라 요구하는 것 때문에 생긴다. 예수님은 부족함이 없으신 하나님이시고, 또한 우리를 생명 바쳐 사랑하신다. 우리를 향해 일방적으로 무언가 요구하실 분이 아니시다.

우리는 필요한 게 있을 때 스스로 믿음을 만들어 내고 결과를 우리가 원하는 대로 예측하고 실망하기를 반복한다. 예수님을 믿는 믿음이 아니라 내가 원하는 결과를 향한 확신이다. 자신의 믿음이 어떠한지 알 수 없다. 그러나 우리는 항상 내 믿음을 돌아보아야 한다.

믿음으로 하지 않고 무언가 내가 원하는 것을 이루기 위해 예수님께 나아간다면 부끄럽다는 생각이 들어야 그것이 좋은 모습이다. '예수님은 내게 생명을 주셨는데 나는 내가 원하는 것만 구하는구나' 하는 생각이 들고, 예수님께 죄송하다면 신앙이 살아 있는 것이다. 일방적으로 요구하다가 안 되면 실망하는 관계는 정말 어렵다. 서로를 신뢰하는 관계 속에서 진실하게 상의하고 도움을 받고 순종하는 모습이 아름답다.

일방적인 관계는 성장하지 않는다. 관계 그 자체가 신뢰 속에서 성장할 때 약속들이 진실로 의미가 있게 된다. 진실하지 않고 신뢰가 없는 관계 속에서의 약속은 허망하다. 별로 약속을 하고 싶지도 않을 것이다. 그러나 진실하고 신뢰가 넘치는 관계 속에서는 많은 약속들이 생긴다. 행복한 가정은 가족들 간에 좋은 약속을 하고 그 약속을 지켜가며 행복을 이루어간다. 한번은 형님이 고기를 같이 구워 먹자고 바비큐를 준비하는데 어쩐지 부담스럽고 피하고 싶었다. 결국 형님은 왜 고기를 같이 굽지 않느냐며 폭발했고 나는 얼른 도망쳤다.

나는 지금도 누군가 무언가를 해준다고 하면 힘들어진다. 목회를 하면서도 사람들을 내 뜻에 따라 무언가 동원한다는 느낌이 들게 하고 싶지 않다. 도서전시회에서 저자 사인회를 했을 때도 교회에 알리지 않았다. 그런데 어떻게 알았는지 몇몇 지체들이 왔다. 반가운 척했지만 하나도 반갑지 않고 오히려 부담스러웠다.

두려움 없이 예수님께 일방적으로 요구하고, 그 요구대로 안 되면 자기 마음대로 믿음 없는 행동과 말을 하는 사람들이 무섭다. 예수님을 좋아하고 믿고 따를 때 예수님께서 나를 기뻐하셔서 약속을 주실 때 기쁨으로 기다리고, 그 약속을 이루어주시면 예수님을 향한 믿음과 충성이 더욱 깊어지는 그런 믿음이 아름답다. 믿음이 깊어야 약속이 풍성하고 믿음대로 약속이 현실이 된다. 약속이 현실이 될 때 예수님의 성품과 능력을 경험하는 행복한 삶을 살게 된다.

의심이 생긴
이유

베드로는 바람을 보았다 예수님께서는 베드로가 물에 빠진 이유에 대해 믿음이 작고 의심이 생긴 것 때문이라고 말씀하셨다. 베드로에게 의심이 생긴 상황을 성경은 이렇게 말씀하신다.

> 바람을 보고 무서워 빠져 가는지라 소리 질러 이르되 주여 나를 구원하소서 하니 마 14:30

베드로는 처음에 자신을 물 위로 오라고 하신 예수님을 보고 걸었으나 곧 바람을 보았고 무서운 마음에 믿음이 작아졌다. 그는 바람을 보았다. 바람이 일으키는 파도와 풍랑을 보았다. 아무런 장비도 없이 풍랑 한가운데에 서 있는 것은 정말 두려운 일이다. 사실 배가 있어도 강한 풍랑 앞에서는 무용지물이다. 그래서 예수님께서 물 위로 걸어오신 게 아닌가. 배에 있으나 풍랑 앞에 서 있으나 두렵기는 매한가지다. 사람은 늘 두렵다. 믿음을 갖기 어려운 구조를 가진 게 사람이다. 항상 두 눈과 두 귀를 통해 또한 모든 감각을 통해 위태로운 상황에 대해 정보를 받아들인다.

상황이 주는 압박감은 우리의 믿음을 작아지게 만든다. 베드로는 바람이 일으킨 상황 앞에서 무서워했고, 결국 물에 빠지고 말았다. 우리도 신앙생활을 하면서 얼마나 많은 상황 속에서 물에 빠졌는가.

우리의 믿음은 상황이 주는 압박감과 싸우는 것이다. 그러므로 믿음이 견고한지 아니면 작아져 있는지를 확인하려면 상황이 주는 압박을 어떻게 처리하는지를 보면 된다. 압박감이 마음 안에서 더 크게 작용하고 있다면 자신의 믿음에 문제가 있다는 것을 알아야 한다.

상황이 주는 압박감의 끝 베드로는 바람을 보고 무서워했다. 물에 빠져 죽을 것에 대한 두려움이다. 상황이 주는 압박감은 우리를 죽이려고 하는 상황까지 간다. 사람이 제일 무서워하는 것은 죽음이다. 생명을 잃는 것을 두려워하기 때문에 믿음의 투쟁은 목숨을 걸고 진행된다. 성경이 그것을 말해주신다. 다니엘의 세 친구가 믿음을 지키기 위해 목숨을 걸었고, 다니엘도 사자 굴에 던져지면서 목숨을 걸었다. 다니엘의 세 친구처럼 죽더라도 믿음을 지키겠다는 고백 끝에 다시 살아나기도 하지만 스데반처럼 믿음으로 복음을 전하고 순교하기도 한다.

꼭 생명까지는 아니더라도 우리의 믿음은 우리가 잃어버리면 두려워할 수 있는 영역에서 끊임없이 도전을 받는다. 건강, 명예, 돈, 가족, 직장 등에서 믿음은 시련을 겪는다. 죽을 때까지 밀어붙이는 싸움이 믿음의 싸움이다. 아파서 고통을 겪거나, 사람들이 욕하거나, 돈이 없어서 가난해지거나, 가족을 잃거나, 직장에서 인정받지 못하고 전망이 없어질 때까지 우리의 믿음은 공격을 받는다. 어느 것 하나 쉽지 않다. 아주 고통스러운 상황이다. 그런 상황에서도 지켜야 하는 게 믿음이다. 믿음은 거기까지 간다. 정말로 은혜가 필요하다.

그 어느 것 하나라도 우리의 마음을 빼앗아버리고, 믿음을 갖는 것보다 상황을 더 두려워한다면 물에 빠지게 된다. 믿음은 죽음에 대한 두려움을 이겨내는 것이다. 그 정도의 단단한 믿음이 어렵기 때문에 성경은 마지막 때에 믿음을 보겠느냐고 말씀하신다.

믿음을 따라 물 위를 걷기도 하고 물에 빠지기도 한다. 눈에 보이지 않는 믿음의 내용을 따라 삶이 결정된다. 눈에 보이지 않는 믿음의 내용이 삶의 내용을 급박하게 결정해버릴 수 있다는 게 조금은 무섭다. 믿음이 삶을 결정한다. 눈에 보이지 않으니 얼마든지 상황을 조작하고 자기 편한 대로 말할 수 있겠지만 믿음을 보신 하나님의 결정을 우리는 바꿀 수 없다. 그대로 받아들여야 한다. 믿음대로 된다. 하나님께서는 우리의 믿음을 아신다.

믿음과 의심의 전달 광야에서 이스라엘 백성들은 끊임없이 하나님을 시험했다고 성경은 말씀하신다. 그들은 하나님을 시험한 적이 없다고 하겠지만 물이 없을 때, 고기가 먹고 싶을 때, 가나안 땅에 들어가려고 정탐꾼들의 보고를 들었을 때 한결같이 믿음 없는 반응을 보였다.

가장 큰 사건은 가나안 땅에 들어가지 못한다고 울면서 모세를 죽이고 이집트로 돌아가겠다고 한 것이다. 그때 하나님께서 이스라엘 백성들에게 나타나셔서 그들의 자녀들은 가나안 땅에 들어가지만 그들은 다 광야에서 죽는다고 말씀하셨다. 믿음으로 말을 했던 여호수아와 갈렙을 제외하고. 그러나 내게 가장 충격적인 것은 고기를 먹고 싶다면서 말하는 장면이다.

> 이스라엘 자손이 그들에게 이르되 우리가 애굽 땅에서 고기 가마 곁에 앉아 있던 때와 떡을 배불리 먹던 때에 여호와의 손에 죽었더라면 좋았을 것을 너희가 이 광야로 우리를 인도해 내어 이 온 회중이 주려 죽게 하는도다 출 16:3

만나가 있기 때문에 주려 죽지 않는다. 이처럼 믿음이 없는 원망은 진실이 아니다. 죽지도 않는데 죽는다고 말한다. 이집트에 있어야 죽지 왜 광야에서 하나님께서 함께하시는데 죽는단 말인가!

더 기가 막히는 것은 이집트에서 고기와 떡을 먹으면서 여호와의 손에 죽고 싶다고 한다. 자신들을 오랜 고통에서 건져주신 하나님을 향해 차라리 이집트에서 죽이지 왜 자유를 주었느냐고 한다. 한마디로 이집트가 더 좋았다는 것이다. 상황이 주는 압박에 마음을 빼앗겨서 믿음을 잃어버리면 하나님을 신뢰하지 않게 된다. 그것은 하나님을 시험한다. 자신이 믿음이 없어 원수와 한편이 되어 하나님을 고통스럽게 했다는 것을 알아야 한다.

이 일에 너희가 너희의 하나님 여호와를 믿지 아니하였도다 그는 너희보다 먼저 그 길을 가시며 장말 칠 곳을 찾으시고 밤에는 불로, 낮에는 구름으로 너희가 갈 길을 지시하신 자이시니라 신 1:32,33

먼저 행하시면서 길을 인도하시고 장막 칠 곳을 찾아주시고, 낮이나 밤이나 함께 걸어가신 하나님을 믿지 못함은 그분께 큰 고통을 드리는 것이다. 우리의 믿음 없는 마음과 말과 행동이 얼마나 하나님께 고통이 되었는지 느껴야 스스로의 믿음을 가늠할 수 있다.

믿음의 연단

믿음이 시험을 겪다 예수님께서는 베드로가 사탄의 시험을 받을 거라고 말씀하셨다. 모든 사람이 예수님을 떠나도 자신은 죽기까지 따르겠다는 결심을 고백할 때, 예수님은 그에게 다가오는 시험을 말씀하신다. 이런 상황을 보면서 나는 베드로같이 장담하지 않겠다고 한다면 조금 슬프다. 물론 실수하지 않으면 좋겠지만 제자들이 예외 없이 그렇게 말하고 다 도망갔다는 사실을 기억해야 한다.

실수를 줄이자고 자신이 사람이 아닌 것처럼 군다면 진실에 문제가 생길 수 있다. 나는 실수하지 않는 사람들을 걱정한다. 정말로 보이는 게 전부인지 알 수 없기 때문이다. 실수에 무조건 관대하자는 말이 아니라 실수에 대한 부담으로 방어하는 삶보다 예수님 앞에서 정직하게 연단받는 삶을 원한다.

> 시몬아, 시몬아, 보라 사탄이 너희를 밀 까부르듯하려고 요구하였으나 그러나 내가 너를 위하여 네 믿음이 떨어지지 않기를 기도하였노니 너는 돌이킨 후에 네 형제를 굳게 하라 그가 말하되 주여 내가 주와 함께 옥에도, 죽는 데에도 가기를 각오하였나이다 이르시되 베드로야 내가 네게 말하노니 오늘 닭 울기 전에 네가 세 번 나를 모른다고 부인하리라 하시니라 눅 22:31-34

베드로가 장담한 이유 베드로는 예수님과 함께 죽겠다고 했으나 오히려 예수님을 세 번이나 부인하고 말았다. 이보다 앞서 나오는 내용은 제자들이 서로 누가 크냐고 다투는 내용이다. 누가복음에서는 이 내용에 이어서 바로 베드로의 장담과 시험에 대해 말씀해주신다.

사람의 욕심은 시험을 부른다. 만약 자신에게 닥친 시험을 믿음의 연단으로 여기지 않고 방어하거나 다른 사람을 공격한다면 믿음의 성장은 어렵다. 베드로는 제자들 중에서도 크고 더 중요한 사람이 되려면 예수님과 생사를 함께하겠다는 충성을 고백할 필요가 있었다.

교회의 한 리더가 대표 리더에게 충성을 고백하는 것을 들었다. 그는 끝까지 그 리더와 함께하겠다고 고백했지만 이후에 자신이 대표 리더가 되었을 때 전임 리더와 심각한 분열을 겪었다. 사람은 다 그렇다.

오직 각 사람이 시험을 받는 것은 자기 욕심에 끌려 미혹됨이니 약 1:14

높아지고 싶어서 예수님께 목숨을 걸고 충성을 고백했으나 예수님께서 잡혀가시고 자기가 높아지는 일이 일어나지 않을 때 그분을 모른다고 저주하면서 세 번이나 부인하는 게 사람이다. 우리는 다 그런 정도의 믿음을 가지고 있다. 내가 원하는 욕심을 이루자면 못 할 말이 없지만 이루어지지 않을 때는 바로 믿음을 저버린다. 그런 우리를 향해 예수님은 믿음이 떨어지지 않도록 기도하고 계신다.

우리는 주목받고 있다 기차를 탈 때 겪는 문제가 있다. 도시락을 사서 먹을 때가 마땅치 않다. 기차 안에서 먹으면 객실에 있는 사람들이 음식 냄새를 싫어할 것이다. 기차라서 다들 이해하겠지만 그래도 마음은 편치 않다. 그렇다고 객차 사이 통로에 앉아 옹색하게 먹는 것은 더욱 힘들다. 그래서 역사歷史 여기저기를 찾아서 헤맨다. 겨우 자리를 잡고 앉아서 식사를 한다.

그런데 먹고 나서 쓰레기 처리가 또 문제다. 아무리 봐도 쓰레기통이 보이지 않는다. 마침 좋은 생각이 난다. 패스트푸드점에서 파는 아이스커피를 사먹고 쓰레기도 함께 처리하면 된다. 그런데 패스트푸드점에 가서 쓰레기를 먼저 처리하고 커피를 사려고 줄을 서기 위해 돌아서는 순간 갑자기 할머니 한 분이 내가 버린 쓰레기를 통째로 다시 꺼내서 내 앞에 버린다. 다른 곳에 버리라고. 나는 쫓기듯 도망간다. 정말 창피하고 부끄럽다. 누군가 나를 지켜보고 있다는 생각을 하게 된다. 실수하기만을 기다리면서….

> 한 여종이 베드로의 불빛을 향하여 앉은 것을 보고 주목하여 이르되 이 사람도 그와 함께 있었느니라 하니 눅 22:56

베드로는 불빛을 향해 앉아 있었다. 들키면 안 되니까. 그런데 한 여종이 그를 주목하고 있었다. 그는 심문 받으시는 예수님을 보는 사람들 사이에 끼어 앉아 다른 사람들의 시선을 피하고 있었지만 여종은 그를 주목했다. 위대한 사도가 아무 상관도 없는 사람에게 자신의 부끄러운 수치를 드러내게 될 순간이 다가오고 있었다. 누군가는 우리의 행동을 주목한다. 예수님은 베드로가 사탄이 밀까부르듯하는 시험에 노출된다고 말씀하셨다. 우리를 믿음에서 넘어지게 만들려는 누군가가 함정을 파고 우리를 주목하고 있다.

시험은 예수님을 신뢰하지 못하게 만드는 함정이다. 시험에 든 사람은 예수님을 믿는 믿음에서 떠나 자신의 욕심을 따라 죄를 짓는다. 시험을 이기는 믿음은 그 죄에서 돌이켜 어떤 상황에서든 예수님을 믿는 믿음으로 더욱 견고해져가는 것이다.

예수님께 배우는 시험 대처법

시험은 내 의심을 확증하려고 근거를 찾는 것 예수님을 죽이고자 했던 바리새인들은 자신들의 의도를 관철하기 위해 끊임없이 예수님을 시험했다. 우리가 누군가를 의심하면서 그 의심에 합당한 이유를 찾아내고자 한다면 우리는 그와 한편이 된다. 만약 다른 사람이 나를 의심하면서 자신의 의심을 정당화하기 위해 무언가 책잡으려고 한다면 나는 시험에 노출된 것이다.

이스라엘 백성들은 하나님께서 자신들을 살려주시는 분이 아니라 죽이려는 분으로 의심했다. 의심은 정말로 대책이 없다. 하나님께서 홍해를 가르시고 밤낮없이 그들을 돌보시고 도와주어도 그들은 조금만 원하는 대로 되지 않으면 바로 하나님을 의심했다. 물이 없고, 고기가 없고, 가나안 사람들이 강해 보일 때 그들은 하나님이 자신들을 죽이려 한다고 의심했다. 그리고 주어진 상황들은 그런 의심을 정당화하는 근거가 되었다. 하나님께서는 이스라엘 백성들이 여러 번 하나님을 시험했다고 분노하셨다.

강의하러 갈 때마다 나를 미심쩍은 눈으로 보면서 무언가 캐내기 위해 질문하는 것을 느낀다. 자신이 가지고 있는 의심에서 질문이 나오고 나는 머리를 써가면서 성실하게 의심을 벗어나야 한다. 그러고 나면 강의하기가 싫어진다.

언젠가 정말로 나를 작게나마 도와주었던 사람이 나를 의심하면서 왜 교회 사역을 멈추었는지 꼬치꼬치 캐물었다. 그는 죄를 지었던 다른 사람을 거론하면서 내게 그런 죄가 없는 건지 물었다. 헤어질 때도 그는 의심을 거두지 않았다. 나중에 다른 장소에 강의하러 갔다가 다시 그를 만나게 되었다. 누군가 내 설교를 칭찬했을 때 그는 내가 진짜로 그런 사람인지 아닌지 모른다면서 웃었다. 나는 생각했다.

'어찌 일이 이렇게 되었는가? 나를 도왔던 사람도 나를 의심하며 살피는구나.'

심지어 부모형제들도 내가 자신들이 원하는 대로 해주는지 그렇지 않은지를 계속 살피는 것을 느낀다. 많이 슬프다. 시험하는 자와 같이 한편이 되어 다른 사람을 시험하면 결국 어떻게 될 것인가. 그래서 나는 갈수록 사람들을 조심하게 된다.

칭찬이 시험의 시작이었다 바리새인들은 예수님을 책잡기 전에 함정을 파고 있다. 함정은 예수님이 인격에서 벗어나는 말을 하실 수 없도록 그분의 인격에 대한 칭찬으로 시작된다. 그렇게 함으로써 자신들이 파놓은 함정으로 예수님의 말씀이 걸려들게 하려고 한다. 물론 자신들이 칭찬한 내용과 다르게 답변하신다면 그분의 인격을 문제 삼을 것이다.

> 와서 이르되 선생님이여 우리가 아노니 당신은 참되시고 아무도 꺼리는 일이 없으시니 이는 사람을 외모로 보지 않고 오직 진리로써 하나님의 도를 가르치심이니이다 가이사에게 세금을 바치는 것이 옳으니이까 옳지 아니하니이까 막 12:14

두 가지 시험이 진행되고 있다. 먼저는 예수님의 인격에 대한 시험이다. 예수님이 함정을 피하기 위해 자신의 인격에서 벗어나는 모습을 보이면 바리새인들은 그분의 인격에 대해 공격을 진행할 것이다. 예수님은 사람을 꺼려서도 외모로 보아서도 안 된다는 것이다. 그렇게 만들어놓은 공간으로 그들은 들어왔다. 예수님의 인격을 칭찬함으로써 자신들을 거부할 수 없도록 만들었다. 또 참된 말만을 해야 한다는 장치를 만들었다. 무슨 칭찬을 하든지 자신들이 원하는 답변을 이끌어내려는 장치들이다. 이런 바리새인들에 대한 예수님의 답변은 명쾌하시다.

예수께서 그들의 악함을 아시고 이르시되 외식하는 자들아 어찌하여 나를 시험하느냐 마 22:18

그것은 예수님을 시험하는 외식이었다. 자신들을 좋게 보이고 예수님을 책잡으려는 악한 시도였다. 시험하는 자들의 의도를 악하다고 정의하고, 그것이 시험이라고 정의하는 것은 중요하다. 만약 바리새인들이 예수님을 공격하는 악한 의도와 시험을 분별하지 못한다면 이는 단순한 논쟁이 되는데 그것은 결론이 나지 않는다. 그들이 악하다는 게 분명해져야 시험은 끝난다. 논쟁을 한다고 시험을 벗어날 수 없다. 그들의 악한 의도를 알고 대적하든지 피하든지 해야 비로소 시험에서 벗어날 수 있다.

이제 그들의 시험은 보다 더 구체적으로 진행된다. '세금을 가이사에게 바치는 게 옳은가'라고 묻는다. 예수님은 "가이사의 것은 가이사에게, 하나님의 것은 하나님께 바치라"(마 22:21)라는 말씀으로 마무리하신다. 바리새인들이 파놓은 함정을 멋지게 벗어나신다. 예수님께서 만약 로마 황제에게 세금을 바치지 말라고 하면 그들은 로마 황제의 손에 예수님을 넘길 것이다. 로마 황제에게 바치라고 한다면 이스라엘 안에 있는 민족주의자들, 종교열심당에게 예수님을 공격하도록 빌미를 줬을 것이다.

예수님은 누구에게 세금을 바치라는 답변 이전에 바리새인들의 간교한 계획을 아시고 그들의 악함을 아셨다. 그들이 원하는 답변을 하시지 않음으로써 그 시험을 벗어나셨다. 질문 안에서 답변을 찾으려고 한다면 시험에서 벗어날 수 없다. 질문 그 자체가 아니라 악한 의도를 해결할 수 있는 정확한 답변으로 시험에서 벗어나신다. 즉 로마 황제에게도 열심당에게도 빌미를 주지 않는 답변을 해야 한다.

주기도문에서 가르쳐주신 것 예수님께서 가르쳐주신 기도, 주기도문의 마지막은 이렇게 기록되어 있다.

> 우리를 시험에 들게 하지 마시옵고 다만 악에서 구하시옵소서 나라와 권세와 영광이 아버지께 영원히 있사옵나이다 아멘 마 6:13

예수님께서는 우리가 시험에 들지 않도록 하나님께 구하라고 가르쳐주신다. 그것은 구체적으로 기도해야 하는 문제라고 알려주신다. 하나님의 도우심이 필요하다. "악에서 구하시옵소서"에서 '악에서'라는 부분은 '또는 악한 자에게서도'라고 볼 수 있다고 성서공회에서 나온 관주성경의 마태복음 본문의 각주 3번에 실려 있다. NRSV 성경에서도 악을 'evil one'으로 번역하고 있다.

악한 자, 시험하는 자의 악한 계획에서 우리는 하나님의 보호를 받아야 한다. 악한 자의 시험이 있다는 것을 모르고 삶이 평탄한 줄만 안다면 시험이 올 때 분별도 하지 못하고 이겨낼 수도 없다.

시험을 이기고 믿음을 지키는 삶 시험의 목적은 믿음을 무너뜨리는 데 있다. 믿음이 무너지면 삶이 신앙에서 벗어나게 된다. 예수님을 향한 믿음에서 벗어나면 삶의 모든 영역이 무너진 거라고 보아야 한다. 그래서 바울도 데살로니가교회에 편지할 때 이 부분에 대해 노심초사한다.

> 이러므로 나도 참다못하여 너희 믿음을 알기 위하여 그를 보내었노니 이는 혹 시험하는 자가 너희를 시험하여 우리 수고를 헛되게 할까 함이니 지금은 디모데가 너희에게로부터 와서 너희 믿음과 사랑의 기쁜 소식을 우리에게 전하고 **살전 3:5,6**

시험이 믿음을 무너뜨리려고 하는 거라면 그 시험은 앞에서 보았듯이 우리의 욕심을 따라 일어난다. 야고보서 말씀처럼 시험하는 자가 우리를 시험하려고 할 때 다루어지지 않은 우리의 욕심이 시험에 속아서 넘어지게 만든다. 여기서 몇 가지를 생각할 수 있다. 우리 자신의 욕심, 시험하는 자, 시험, 믿음 잃어버림에 관한 것이다.

욕심이 이루어지지 않을 때 우리는 의심을 한다. 그래서 시험하는 자는 우리의 욕심을 자극하여 그것이 이루어지지 않도록 하는 시험을 건다. 본래 욕심을 따라 믿음이 연약했던 사람은 시험에 들고 의심이 생겨 믿음을 잃어버리게 된다. 그것은 단순히 믿음이 약해지는 문제로 끝나지 않는다. 이스라엘 백성들이 그것을 보여주고 있다. 하나님을 원망하고 지도자를 비난하고 죽이려 하고 과거의 삶, 욕심의 삶, 이집트의 삶으로 돌아가고자 하다가 하나님의 진노하심 앞에 죽게 된다. 믿음을 잃어버리면 죽는다. 그게 진실이다.

욕심을 다루어야 하고, 시험하는 자가 주는 시험의 전쟁을 알아야 한다. 그리고 시험 속에서도 믿음을 지키는 견고함을 훈련해야 한다. 그것이 우리를 살게 한다. 베드로는 높아지고 싶은 욕심이 있었다. 예수님께서는 그가 죽기까지 예수님을 따르겠다고 할 때 시험하는 자가 준비한 시험을 알고 계셨다. 그래서 시험에 들어 예수님을 부인할 그의 믿음이 떨어지지 않도록 기도하시겠다고 하셨다.

시험에 빠진 베드로는 예수님을 부인하고 나서 예수님께서 하신 말씀의 의미를 알게 되었고 크게 통곡했다. 아마도 깊은 회개가 있었을 것이다. 그렇게 그의 믿음은 더욱 정화되고 견고해져갔다. 그는 자신을 높이려다 예수님을 부인하는 상황에 다다른다.

베드로의 믿음 베드로는 나면서 못 걷게 된 사람을 보았다. 성전에 들어가는 사람들에게 구걸을 하기 위해 다른 사람들에 의해 성전 미문에 내려진 사람이었다. 베드로는 구걸을 원하는 그의 다리를 고친다.

> 베드로가 이르되 은과 금은 내게 없거니와 내게 있는 이것을 네게 주노니 나사렛 예수 그리스도의 이름으로 일어나 걸으라 하고 행 3:6

베드로는 아픈 사람의 오른손을 잡아 일으켰고 그는 걷고 뛰었다. 이렇게 놀라운 역사를 일으킨 그는 지체 없이 믿음에 대해 설명한다. 물론 자신을 높이지 않으면서 이 일이 어떻게 가능했는지 사람들에게 정직하게 알려준다.

> 베드로가 이것을 보고 백성에게 말하되 이스라엘 사람들아 이 일을 왜 놀랍게 여기느냐 우리 개인의 권능과 경건으로 이 사람을 걷게 한 것처럼 왜 우리를 주목하느냐 행 3:12

> 그 이름을 믿으므로 그 이름이 너희가 보고 아는 이 사람을 성하게 하였나니 예수로 말미암아 난 믿음이 너희 모든 사람 앞에서 이같이 완전히 낫게 하였느니라 행 3:16

베드로는 자신을 높이기 위해 예수님을 부인하는 사람이었다. 그러나 이제 그는 예수님을 높이기 위해 자신을 부인하는 사람이 되었다. 자신의 욕심을 부인하니 예수님의 뜻을 행할 수 있게 되었다. 베드로가 나면서부터 다리가 아픈 사람을 고친 것은 정말 놀라운 일이었다. 그런데 그것보다 더 위대한 일은 예수님을 부인하던 베드로가 자신을 부인하게 된 것이다. 예수님께서 베푸신 놀라운 은총이 아니라면 사람이 이렇게 바뀔 수는 없다.

자신을 부인하고 예수님을 높이려고 하다 보니 아픈 사람도 보인 게 아닌가 싶다. 자신을 높이려는 사람이 예수님의 마음을 받기도 어렵거니와 아픈 사람이 보일 리가 없기 때문이다. 베드로는 다리가 아파서 구걸하는 사람을 향한 예수님의 마음을 받을 수 있는 사람이 되었다. 그리고 예수님께서 다리가 아픈 사람에게 은혜를 베푸시기 원하실 때 좋은 통로로 쓰임 받을 수 있게 되었다.

예수님은 다리가 아픈 사람을 낫게 하고 싶으셨다. 그런 마음을 알 수 있고 또 예수님께서 그렇게 행하실 수 있는 능력이 있다는 것을 믿는 사람들과 베드로를 통해 역사를 일으키셨다. 우리도 욕심이 아니라 예수님을 증거하려는 마음으로 그분의 뜻을 따른다면 믿음은 더욱 견고해지고 예수님께서 역사를 일으키실 때 귀한 통로로 쓰임 받을 수 있다.

믿음의 방향

믿음과 삶의 분리 예수님을 믿고 있지만 삶의 문제는 믿음 안에서 하지 않고 내가 원하는 대로 하는 것은 믿음의 삶이 아니다. 믿음과 삶이 분리되는 것은 성경적이지 않다. 믿음대로 하지 않는다면 자신의 욕심대로 하게 된다. 정말로 심각한 것은 믿음이 아닌 자기 욕심대로 하면서 그것을 이루어달라고 기도하고 예배를 드리는 것이다. 욕심이 이루어지지 않으면 시험에 들고 하나님을 원망하는 삶을 산다. 그것은 신앙인의 삶이 아니다.

요한 웨슬리 목사님은 자신이 믿음으로 하지 않았던 인디언 선교 사역에 대해 그렇게 목숨을 걸고 했음에도 다 똥이었다고 그의 일기에 정확하게 기록하고 있다. 자신의 의를 세우려는 것이었고, 죄였다고 고백한다. 선교를 위해 생명을 걸었어도 똥이었고 죄였다고 고백하는데, 하물며 우리 욕심대로 하는 삶이야 말해서 무엇하겠는가! 믿음으로 하지 않았던 것들에 대해 우리는 심각하게 생각을 해야 한다. 단지 믿음으로 하지 않았다고 그렇게 준엄하게 자신의 삶을 던져버리는 목사님을 다시 생각하게 된다. 똥을 그렇게 원하는 내 자신도 부끄럽다.

아직 보이지 않는 일 우리는 노아의 홍수를 잘 알고 있다. 땅에서 물이 솟고 하늘에서 물이 쏟아져 인류가 멸망한 홍수 심판을 성경을 통해 익히 알고 있다. 홍수에서 노아를 지켜준 방주에 대해서도 잘 알고 있다. 별 문제의식을 느끼지 않는다. 당연히 홍수가 났으니 배가 필요했을 거라고 간단하게 생각한다. 그러나 히브리서 말씀을 읽고 노아의 입장에서 생각해본다면 생각의 정리가 필요하다는 것을 느끼게 된다.

> 믿음으로 노아는 아직 보이지 않는 일에 경고하심을 받아 경외함으로 방주를 준비하여 그 집을 구원하였으니 이로 말미암아 세상을 정죄하고 믿음을 따르는 의의 상속자가 되었느니라 히 11:7

홍수는 아직 일어나지 않았다. 아직 보이지 않는 일이었다. 그런데 배를 준비해야 했다. 아직 보이지 않는 일에 대한 하나님의 경고를 받아들이고 실제로 준비하는 게 믿음이다. 사람들은 일반적으로 보이지 않는 일에 대해 믿음을 갖지 않는다. 예수님께서도 노아의 때를 예로 들어 말씀하셨다.

> 노아의 때에 된 것과 같이 인자의 때에도 그러하리라 노아가 방주에 들어가던 날까지 사람들이 먹고 마시고 장가 들고 시집 가더니 홍수가 나서 그들을 다 멸망시켰으며 눅 17:26,27

사람들은 비도 오지 않는데 큰 배를 준비해야 할 만큼, 자신들이 멸망할 만큼 큰 홍수가 난다는 것을 믿을 수 없었다. 그래서 평상시대로 시집을 가고 장가를 가고 믿음 없이 살다가 한순간에 멸망에 이른 것이다.

이미 홍수가 났다면 그건 믿음의 문제가 아니라 현실의 문제가 된다. 냉엄한 현실의 결과가 주어진다. 그러나 홍수가 아직 나지 않았을 때, 눈에 보이지 않을 때는 믿음의 문제이다. 믿음이 있었던 노아는 구원을 받았고, 믿음이 없었던 사람들은 멸망했다. 눈에 보이지 않을 때 믿음으로 준비해야 홍수가 현실이 될 때 구원을 받을 수 있다.

노아가 믿음으로 방주를 준비할 수 있었던 배경에는 그의 하나님에 대한 경외함이 있었다고 성경은 말씀하신다. 하나님을 잘 믿을 때 우리는 아직 눈에 보이지 않는 일에 대한 경고를 받을 수 있다. 그러나 그 경고는 아직 현실이 되지 않았기 때문에 매일의 현실이 우리의 믿음을 흔든다. 무슨 홍수가 난다는 말인가? 사람들은 자기가 원하는 대로 날마다 살아가는데. 그때 필요한 것이 경외함이다. 하나님의 뜻에 대한 존중, 내 마음대로 생각하지 않고 함부로 행동하지 않고 하나님을 신뢰함으로 믿음을 지키게 하는 것이 바로 경외함이다.

믿음이 현실을 결정한다 아브라함은 믿음으로 이삭을 낳았다. 도저히 인간적인 방법으로는 아이를 낳을 수 없었던 나이가 되어서야 그는 온전한 믿음으로 이삭을 받았다. 하나님을 믿고, 그분이 주신 약속을 믿음으로 결국 믿음의 자녀인 이삭을 낳은 것이다. 아브라함과 사라가 믿음으로 아이를 낳을 때까지 많은 믿음의 수고가 있었다.

아브라함의 믿음을 모르는 사람들은 어떻게 이삭이 이 세상에 나오게 되었는지 잘 모른다. 그냥 좋은 일이 생겼다고, 불가능한 일이 일어났다고 지나갈 수 있다. 그러나 믿음이 있는 사람이라면 그것이 믿음의 결과라는 것을 안다. 아브라함이 이삭을 바라는 것처럼 우리가 바라고 소망하는 것들은 믿음을 따라 현실이 될 것이다.

믿음은 바라는 것들의 실상이요 보이지 않는 것들의 증거니 히 11:1

'바라는 것'이 영어로는 'hope'이다. 우리가 소원하고 소망하는 것들의 실상이 믿음이요, 믿음으로 된다는 것이다. 하나님께서는 믿음의 방식으로 일을 행하신다. 아직 현실이 아닌 것들에 대해 믿음이 있는 우리에게 현실이 될 거라고 약속하신다. 아직 우리에게는 가나안 땅이 없고, 적들은 강하고, 우리는 약하지만 젖과 꿀이 흐르는 가나안 땅이 우리의 차지가 된다고 약속하신다. 눈에 보이지 않고 현실도 아니지만 하나님을 신뢰하는 믿음이 견고할 때 그분의 약속은 현실이 된다.

끝까지 믿음으로 하나님을 의지했던 여호수아와 갈렙은 가나안 땅을 차지했다. 믿음이 없었던 사람들은 다 광야에서 죽었다. 눈에 보이지 않는 믿음이 눈에 보이는 현실을 결정한다.

현실을 견디게 하는 힘 명동에서 혼자 길을 걸어다니며 기도할 때 깊은 실패감을 느꼈다.

'아무도 없구나. 나는 혼자고 결국 목회를 실패하겠구나.'

나중에 사람들이 오고 무언가 잘해보려고 할 때 시험이 와서 다시 혼자 명동에 있을 때 또 실패감을 느꼈다.

'아, 내 인격은 목회하기에는 적절하지 않구나. 사람들이 나를 비난하고 내 죄를 찾으려고 하는구나.'

명동에서 혼자서 기도할 때 위로가 되었던 것은 하나님의 약속이었다. 이미 좋은 교회가 있다고 믿고 사역해야 한다는 기도 중의 깨달음과 확신이 버틸 수 있게 해주었다. 나는 길에서 왜 개척을 시작해야 하는지를 잘 알지 못했고 아쉬워했다. 누군가는 내 이름이 '김길'이라 그렇다고 웃으며 말했지만 나는 웃을 처지가 아니었다. 길바닥의 길과 내 이름의 길은 다르다. 내 이름은 '길할 길'吉이다. 형제들이 다 길 자 돌림인데 막내라서 외자로 지었다고 한다.

나중에야 깨달은 것은 길에서 개척을 시도하니 개척 멤버들이 좋은 교회를 만들어서 우리가 은혜 받고 행복하게 살자는 것에 대해 다시 생각할 수 있게 되었다고 했다. 도시를 섬기는 교회의 방향이 길에서 정해지고 있었다. 지금은 길에 나가서 예배드리지 못한다. 어린아이들만 스무 명이 넘는다. 장소를 빌려 쓰면서 예배드리지만 우리는 여전히 도시를 생각하고 고민하면서 방향을 놓치지 않으려고 한다.

길에 혼자 있어도 즐거울 수 있었던 것은 하나님께서 이미 좋은 교회를 예비하시고 계시다는 믿음이 있었기 때문이었다. 삭막한 도시에서 혼자 기도하는 현실만을 생각한다면 도저히 장래에 대한 소망을 가질 수 없었다. 그러나 내가 믿는 예수님, 교회의 주인 되신 예수님께서 좋은 교회를 세우시겠다는 약속을 믿고 기도할 때 믿음으로 차가운 현실을 견딜 수 있었다.

사람들이 떠나고 다시 혼자 있었을 때, 나 자신을 향한 실망감과 변하지 않는 사람들과의 제자훈련을 통해 교회를 개척한다는 게 쉽지 않다는 절망감이 들 때, 아브라함 한 사람을 불러 민족을 이루시는 하나님의 뜻을 기억하고 기도할 때 나는 다시 일어설 수 있었다. 믿음은 어려운 현실을 견디게 한다.

갈 바를 알지 못하고 하나님께서는 아브라함을 부르셨다. 본토 친척 아비 집을 떠나 그분이 지시하시는 가나안 땅으로 가도록 명령하신다. 이에 대한 아브라함의 반응을 히브리서는 이렇게 말씀하신다.

> 믿음으로 아브라함은 부르심을 받았을 때에 순종하여 장래의 유업으로 받을 땅에 나아갈 새 갈 바를 알지 못하고 나아갔으며 히 11:8

아마도 갈 바를 알지 못했다는 것 중에 가장 주요한 내용은 내가 정해놓은 게 없이, 내가 나아갈 바를 정하지 못하고, 하나님의 부르심에 믿음으로 반응했다는 말일 것이다. 사람은 자기 삶에 대해 자기가 원하는 대로 무언가를 정하길 원한다. 되도록 안전하고 수익률이 높은 쪽, 손해 보지 않고 이익이 많은 쪽으로 결정할 수 있기를 바란다.

아브라함은 믿음을 따라 순종함으로 자신의 결정권을 포기했다. 스스로 자신의 장래를 결정하지 못하고 잘 알지 못하는 미래와 삶의 기반에 대해 온전히 하나님의 결정에 자신을 맡겼다. 믿음은 모험이다. 모험의 결과, 믿음의 결과에 대해서 히브리서는 이렇게 말씀하신다.

이러므로 죽은 자와 같은 한 사람으로 말미암아 하늘의 허다한 별과 또 해변의 무수한 모래와 같이 많은 후손이 생육하였느니라 히 11:12

아브라함은 부요하고 번성했다. 자신이 정한 삶의 장소와 방법이 아닌 모험이었지만 하나님을 믿고 신뢰함으로 결국 번성함을 누렸다. 아직 내가 원하는 현실이 오지 않았어도 잘 몰라도 믿음으로 하나님을 신뢰하고 날마다 성장한다면 하나님의 약속은 점점 현실이 될 것이다. 믿음의 성장은 어려운 현실을 견디게도 하지만 장래의 좋은 소망을 향한 약속이 된다. 믿음이 견고하고 성장하는 만큼 현실을 견디고 이길 수 있다. 진실한 믿음은 아직 현실이 아니지만 주어진 약속들을 빨리 성취할 수 있게 해준다.

약속을 믿는 믿음으로 풀어가는 현실

자기 믿음을 진단하라

베드로가 물에 빠진 가장 주요한 원인은
그의 믿음이 작았기 때문이다.
믿음이 작아진 원인은 그가 바람을 보고 무서워했기 때문이다.
만약 우리가 베드로라면 풍랑 속에서
예수님을 향해 가는 과정에서 세 가지를 생각할 수 있다.
바람이 불고 파도가 치는 상황,
그런 상황이 주는 두려움, 그리고 믿음이다.
무엇이 우리의 지난 삶을 이끌어 왔을까?
바람이 불고 파도가 치는 상황이 이끌어 왔는가?
그것이 주는 두려움이 이끌어 왔는가?

예수님을 믿는 믿음이 이끌어 왔는가?
상황이 압도적이라면 상황에 끌려갈 수도 있다.
상황이 그리 어렵지 않은데도 내 마음 안에 있는
두려움이 나를 더 어렵게 만들었을 수도 있다.
물론 믿음으로 예수님의 도움을 받아서
멋지게 기적을 경험했을 수도 있다.
자신의 믿음의 분량을 아는 게 필요하다.
상황에 압도되거나 두려움에 붙잡혀 있다면
아직 믿음이 연약하다는 것을 알아야 한다.
그래야 상황 탓, 남의 탓을 하지 않고
자신의 믿음을 연단하고 성장하는 데 집중할 수 있다.
믿음이 역사를 이루어가는 과정에 대한 이해가 생길 때까지
믿음이 연단되어야 한다는 것을 알 때
우리의 믿음은 현실 속에서 힘을 발휘하게 된다.
믿음과 삶이 분리되지 않고, 믿음의 삶이 된다.
믿음의 선진들의 삶처럼
나도 믿음으로 살아갈 수 있게 된다.

일이 안 되는 과정

우리는 자주 시험에 든다.

믿음을 잃어버리고 상황에 압도되어

두려움 속에서 마음을 욕심에 방치하여 죄를 짓는다.

낙담하고 원망하고 고질적인 죄로 가면서 책임을 회피한다.

누군가 나를 도와주지 않아서 내가 이렇게 된 것처럼.

하지만 그래 봤자 아무도 책임져주지 않는다.

언 발에 오줌 누는 것같이 지나가는 말로 해주는

"네 책임이 아니다"라는 위로에 내 삶을 맡기겠는가?

남들의 아무런 책임감 없는 위로가 나를 건져줄 수 있는가?

정말 그건 아니다.

갑작스러운 상황이 발생하고, 두려움에 붙잡히고,

결국 베드로처럼 물에 빠져서 일이 잘 안 되고,

결과를 원망하고, 시험에 들어서 죄를 짓는 것이

믿음 없는 삶의 패턴이다.

이런 삶의 패턴을 부숴버려야 한다.

일이 되는 과정

바람이 분다. 두렵다.

그런데 물에 빠지는 것을 각오한다.

최악의 상황이 온다 해도 예수님을 의지하고
그 방법밖에 없다는 믿음을 가진다.
두려움이 사라진다.
억지로 두려워하려 해도 이미 하나님께서 두려움을 가져가셨다.
어떤 상황에 대해 믿음을 가지려면
그것이 주는 익숙한 마음, 공포가 사라져야 한다.
그것이 사라지는 과정이 믿음의 투쟁 과정이다.
믿음은 마음으로 믿는 것이다. 마음의 내용이다.
당연히 믿음을 방해하는 것도 마음의 내용이다.
상황도 중요하고 그 결과도 중요하다.
우리는 상황을 통제할 수도
원하는 상황으로 만들 수도 없다.
우리의 마음이 믿음으로 무장되도록
마음의 내용과 믿음을 지켜야 한다.
중요한 것은 믿음은 실제이고
그 내용대로 실제 상황이 되어가는 것이다.
믿음이 없으면 없는 대로 상황이 결정되고
믿음이 있으면 믿음대로 상황이 결정된다.
그 모든 결정권이 하나님께 있기 때문이다.
상황과 상관없는 믿음이 성장하기 시작한다.

상황이 주는 영향력보다 믿음이 더 중요해지고
내가 원하는 결과보다 예수님이 더 소중해진다.
그러면 일은 거의 성사 단계에 와 있는 것이다.
바람과 파도가 주는 고통은 더 이상 의미가 없다.
나를 두렵게 하는 상황이 없어진 게 아니라
내 믿음이 더 견고해졌다.
더 이상 바람과 파도는 내 믿음과 상관이 없다.
사람인지라 여전히 공격을 받을 때 쉽지 않지만
결국은 믿음이 더 강하다.
상황이 주는 불안보다
믿음 안에서 받은 약속이 주는 소망이 더 강하다.
믿음 안에 있는 소망을 불안이 꺾을 수 없다.
믿음대로 역사하시는 하나님의 방식을 경험하고 믿게 된다.
그렇게 우리의 삶은 믿음으로
하나님의 역사하심 안에 있게 된다.

믿음 안에서 약속은 어떻게 주어지나

요셉은 어린 나이에 해와 달과 열한 개의 별이
절하는 꿈을 약속으로 받았다.
형들에게 꿈을 자랑하다가 죽을 뻔한 것을 보면

그는 꿈이 의미하는 바가 무엇인지 잘 알지 못했고,
하나님의 약속을 감당하기에는 인격적으로도 문제가 있었다.
그는 단지 형들보다 더 뛰어난 사람이 되는 줄 알고 자랑했다.
그럼에도 하나님은 그에게 나중에 총리가 되어
기근의 때에 가족들을 보호하고
하나님의 뜻을 이루는 사람이 될 거라는 약속을 주셨다.
또한 하나님은 아브라함을 부르시고 가나안 땅과
이삭을 주시겠다는 약속을 하셨다.
어떻게 아브라함이 약속 안에서 움직이는 인생이 되었는지
그의 편에서 원인을 찾기는 어렵다.
하나님은 그가 약속을 감당할 수 있도록
그의 평생을 이끌어가셨다.
히스기야와 같이 질병에서 낫도록 기도하고
기도의 응답으로 약속을 받는 경우도 있다.
그렇다고 할지라도 그의 기도가 하나님의 약속을 받는
결정적인 이유라고 보기는 어렵다.
약속을 주시고 그것을 근거로 사람을 이끄셔서
믿음으로 변화된 삶을 살게 하시는 분은
전적으로 하나님이시기 때문이다.
하나님께서는 사람을 부르시고 약속을 주신다.

그 약속을 믿고 믿음으로 반응하는 사람은
약속이 이루어지는 것을 경험하게 된다.
다윗이나 베드로나 바울이나 하나님께서 주시는
약속 안에서 믿음으로 살다가
하나님의 약속이 이루어지는 삶을 살았다.
우리가 하나님께 부름을 받았다면 약속을 받아야 하고,
그것이 이루어지도록 믿음으로 살아가야 한다.
믿음으로 현실을 풀어가는 사람은
믿음 안에서 주시는 약속을 받고,
그 위에 굳게 서서 끝까지 투쟁하는 사람이다.

약속이 구체화 되는 과정

하나님을 믿는 믿음 안에서 받은 약속은
계약서를 작성하듯이 되는 게 아니다.
약속, 언약, 계약이라는 용어 자체의 정의도 중요하지만
약속의 인격적인 과정에 대한 의미도 중요하다.
하나님께서 약속을 주시는 것은
우리를 축복하기 원하시고 사랑하신다는 표현의 방식이다.
하나님이 주시는 축복의 약속을 받았던 사람들은
그분의 사랑을 받은 사람들이었다.

좋으신 하나님께서 사랑하셔서 주시는 약속을 믿는 것은
하나님의 나를 향한 사랑과 그분의 뜻을 신뢰하기 때문이다.
하나님께서 주시는 약속을 대하는 태도를
로또에 당첨된 것처럼 해서는 안 된다.
약속이 구체화되고 실현되는 과정에서
하나님을 향한 신뢰와 헌신의 마음은 연단된다.
약속이 이루어지는 것은 믿음이 연단되는 과정이다.
믿음의 사람이 먼저다.
그리고 기적은 그에게 주시는 약속의 선물이다.
약속을 받고 기적을 경험하고 싶다면
믿음의 사람이 먼저 되어야 한다.
연단된 믿음의 사람에게 임하는 하나님의 성품과 능력의 나라.
하나님께서는 사람을 쓰시고 세상을 변화시키신다.
그 사람은 믿음의 사람이다.

참 좋은 내 인생

초판 1쇄 발행 2014년 11월 24일
초판 2쇄 발행 2014년 12월 1일

지은이 김길

펴낸이 여진구
책임편집 4팀 | 김아진, 김소연
편집 1팀 | 이영주, 김수미 2팀 | 최지설, 김나연 3팀 | 안수경, 유혜림
책임디자인 이혜영, 마영애 | 전보영, 오순영
기획 · 홍보 이한민
마케팅 김상순, 강성민, 허병용, 이기쁨
제작 조영석, 정도봉
해외저작권 김나은
마케팅지원 최영배, 이명희
경영지원 김혜경, 김경희

이슬비전도학교 최경식, 전우순
303비전성경암송학교 박정숙, 정나영, 정은혜
303비전장학회 & 303비전꿈나무장학회 여운학

펴낸곳 규장

주소 137-893 서울시 서초구 매헌로 16길 20(양재2동) 규장선교센터
전화 02)578-0003 팩스 02)578-7332
이메일 kyujang@kyujang.com 홈페이지 www.kyujang.com
트위터 twitter.com/_kyujang 페이스북 facebook.com/kyujangbook
등록일 1978.8.14. 제1-22

책값 뒤표지에 있습니다.
ISBN 978-89-6097-382-4 03230

규 | 장 | 수 | 칙

1. 기도로 기획하고 기도로 제작한다.
2. 오직 그리스도의 성품을 사모하는 독자가 원하고 필요로 하는 책만을 출판한다.
3. 한 활자 한 문장에 온 정성을 쏟는다.
4. 성실과 정확을 생명으로 삼고 일한다.
5. 긍정적이며 적극적인 신앙과 신행일치에의 안내자의 사명을 다한다.
6. 충고와 조언을 항상 감사로 경청한다.
7. 지상목표는 문서선교에 있다.

하나님을 사랑하는 자 곧 그의 뜻대로 부르심을 입은 자들에게는 모든 것이 合力하여 善을 이루느니라(롬 8:28)

규장은 문서를 통해 복음전파와 신앙교육에 주력하는 국제적 출판사들의 협의체인 복음주의출판협회(E.C.P.A:Evangelical Christian Publishers Association)의 출판정신에 동참하는 회원(Associate Member)입니다.